读/史/思/廉/系/列/丛/书

耕读传家

左连璧 ◎ 著

辽宁人民出版社

© 左连璧　2025

图书在版编目（CIP）数据

耕读传家 / 左连璧著. -- 沈阳：辽宁人民出版社，
2025. 4. --（读史思廉系列丛书）. -- ISBN 978-7-
205-11519-7

Ⅰ. G252-092

中国国家版本馆 CIP 数据核字第 2025SH9534 号

出版发行：辽宁人民出版社
　　　　　地址：沈阳市和平区十一纬路 25 号　邮编：110003
　　　　　电话：024-23284191（发行部）　024-23284304（办公室）
　　　　　http://www.lnpph.com.cn
印　　刷：河北朗祥印刷有限公司
幅面尺寸：145mm×210mm
印　张：7.5
字　数：160 千字
出版时间：2025 年 4 月第 1 版
印刷时间：2025 年 4 月第 1 次印刷
责任编辑：赵维宁　蔡　伟　刘芮先
封面设计：琥珀视觉
版式设计：一诺设计
责任校对：吴艳杰
书　号：ISBN 978-7-205-11519-7
定　价：32.00 元

序　言

　　"耕读传家"，是中国传统社会中的一种重要的家庭理念和生活方式，强调通过将"耕作"与"读书"结合，来实现家族的物质保障与文化传承，正所谓"耕田养亲，读书明理"，"耕可立身，读能明志"，从而培养出先家后国、心怀天下的责任感，将个人与家庭、国家的命运紧密相连。这一古老的理念承载着中华民族的深厚底蕴，贯穿了中国数千年的历史，既是古代社会人们的生活智慧，也是塑造民族精神的重要基因。"耕读传家"不仅是历史遗产，更是一种可历久传承的文化理念。今天的人们在追求物质丰裕的同时，切不可遗忘精神根基，仍然要在劳作和书卷中健康成长，让躬耕田亩的脚踏实地精神治愈未来追求的模糊与迷失，让手不释卷的勤勉向学精神对抗碎片化阅读的浮躁。本书作者从众多典籍中，侧重广采古人爱书、集书、藏书、读书、知书的故事与事例，写出了多篇短文，奉献给读者朋友，希望能为读者拾起那份珍贵的文化记忆，感受先辈们的智慧，燃起读书兴趣，钻进书籍海洋，汲取精神养分，在新时代续写耕读传家的崭新篇章！

左连璧

2025 年 1 月

目 录

拥书万卷胜百城

"丈夫拥书万卷，何假南面百城。"此语出自《魏书·李谧传》，说的是北魏逸士李谧，家中藏书极多，他常说，只要拥有一万卷书，何必去做封有百城的王侯？此语对后世影响很大。唐代杜牧在《冬至日寄小侄阿宜诗》中说："第中无一物，万卷书满堂。"宋代诗人陈与义在《六言二首·其二》中说："种竹可侔千户，拥书不假百城。何必思之烂熟，热官无用分明。"明代陈子龙的《万卷楼歌为王子彦赋》中则说："王郎风雅静者流，百城高拥何所求。坐中半倾名下士，携我独登万卷楼。"清代龚自珍在《投宋于庭翔凤》中说："游山五岳东道主，拥书百城南面王。万人丛中一握手，使我衣袖三年香。"

本传载，李谧十几岁时，就能通读《孝经》《论语》《毛诗》《尚书》，尤其擅长历数之术，在州县乡中有"神童"之称，长大一点儿后，便学于博士孔璠名下。

李谧求学著述有两大特点，一是治学严谨。"览始要终，论端究绪，授者无不欣其言矣。于是鸠集诸经，广校同异，比三《传》事例，名《春秋丛林》，十有二卷。为璠等判析隐伏。

垂盈百条。滞无常滞，纤毫必举；通不长通，有枉斯屈。不苟言以违经，弗饰辞而背理。辞气磊落，观者忘疲。"即对多部经籍从头至尾仔细研读，论端究绪，言谈有物，教导他的人没有不对他感到欣喜的。就读期间，李谧收集各种经典，广泛比较其中的异同，考校三《传》中的事例，题名为《春秋丛林》，共计12卷。将孔璠等人的著述进行辨析审订，发现其中有少许遗漏之处，一丝一毫都要提出来；其中不畅通的地方也并不常有，但只要有错讹就予以辨析校正。李谧自己的著述，做到了不随意议论而歪曲经典的本意，不追求言辞藻饰而违背原有的道理，全书语气错落分明，使人读起来乐而不疲。

二是勤奋刻苦。"（李谧）遂绝迹下帷，杜门却扫，弃产营书，手自删削。卷无重复者四千有余矣。犹括次专家，搜比说议，隆冬达曙，盛暑通宵。虽仲舒不窥园，君伯之闭户，高氏之遗漂，张生之忘食，方之斯人，未足为喻。"即李谧放弃教书之业，闭门不迎宾客，抛弃家产，专心著述，亲自删削书卷中重复的4000多条。还搜求各种学有专长的人的论述，收集各种公正的评议，无论隆冬盛暑，总是通宵达旦。董仲舒年少读书刻苦，书房紧靠着繁花似锦的花园，但他三年没有进过一次花园；东汉儒者魏应，字君伯，"闭门诵习，不交僚党，京师称之"；东汉隐士高凤，其妻子让他看护所晒的麦子，突降暴雨，高凤竟读书而不觉，麦子都被雨水冲走了，但上述这些勤奋刻苦读书学习的人，都不足以与李谧相比拟。李谧去世后，朝廷表彰李谧的门第名为"文德"，他的乡里名为"孝义"。

李谧藏书之多，治学之精，著述之丰，着实令人佩服。放眼时下，似乎倒也不必非要藏书万卷，当然大学问家除外了，但藏书十卷、百卷乃至千卷，总还是必要的、应当的。当然更不必像李谧那样去当隐士，专门研读经典而不问窗外事。恰当的做法应当是工作、读书两不误，工作需要通过读书来充电加油，读书需要燃起新的兴奋点、知识点。无论何人，业余时间都应更多地让读书充填生活。若如此，没有一定量的好书积存于家中，怎能做得到呢！

三国以学封侯第一人

《阚泽传》在《三国志》的传记中属于短篇，本志 500 多字，裴松之注 200 多字，总共不过 800 字，却把阚泽这个虽无尺寸战功，但堪称儒学名家、学识渊博、谦谦君子的形象立在了史上。同朝为官的虞翻称赞他"阚生矫杰，盖蜀之扬雄"；"阚子儒术德行，亦今之仲舒也"，尤其是他"以儒学勤劳，封都乡侯"，即因为对儒家学问的辛勤研究，被封为都乡侯，给人深刻印象。这在兵荒马乱、诸侯割据，特别看重文治武功的年代里，恐怕是绝无仅有的。可见阚泽的学问之大，也可见吴主孙权多么重视儒学与儒者。

阚泽家里很穷，从小"常为人佣书"，即常常受人雇用抄书，来换取自己学习用的纸笔的费用。他抄书时便用心诵读，还经常找老师请教。就这样，他遍读群书，还通晓天文历法，名声渐渐显赫起来。有人说阚泽这是一种变相的"偷学"，在古代，像这样"偷学"的例子还有很多，今天屡屡被人提起，多是赞扬古人酷爱学习的劲头。不过，阚泽的"抄书诵读"，远不如西汉丞相匡衡"受佣求读"的名气大。《西京杂记》卷二载："邑人大姓，文不识，家富多书，（匡）衡乃与其佣作，而不求偿。主人怪，问衡，衡曰：'愿得主人书遍读之。'主人感叹，资给以书，遂成大学。"即一个大户人家，家中藏书甚多，自己却不看。匡衡要求到他家去做佣工，不要报酬，只求允许看遍他家的藏书即可，主人同意了。匡衡得以博览群书，后成为大学问家。其实，阚泽与匡衡是一样的，都堪称刻苦好学的典范，望"抄书诵读"与"受佣求读"两个词语，在今后能并驾齐辉。

阚泽由钱唐县长做起，步入仕途，孙权称帝后，被授任太子太傅。《阚泽传》裴松之注引《吴录》记载了阚泽的一件逸事。魏文帝曹丕即位时，孙权认为曹丕正值盛年，非己所能比，甚是忧心，问："诸卿以为何如？"群臣竟一时无言以对。阚泽说，曹丕不会活过10年，大王不用为此而忧愁。孙权说："何以知之？"阚泽又说："以字言之，不十为丕，此其数也。"《吴录》没有记载孙权听后的态度，估计是挺满意的。果然，曹丕在位7年就死掉了，让阚泽给说了个正着。究竟阚泽是以"兼通历数"为曹丕算出来的，还是随口道来以解孙权之忧，已不得而知，但阚泽之善说、机敏、幽默，给人的印象太深了。正所谓：能说会说、聪明机智，源于渊博的学识。

阚泽博览群书，每逢朝廷大议，有经典所疑之处，便经常向他请教。孙权曾经问阚泽："书传篇赋，何者为美？"阚泽想委婉地对孙权进行劝谏，让他明白治乱兴替的道理，以借鉴秦朝教训，广施仁政，减轻刑罚，求得昌明，长治久安，便回答说："贾谊《过秦论》最善。"于是孙权就阅读了这篇文章。孙权读《过秦论》效果如何，《阚泽传》及《吴主传》中均没有下文，但从孙权能多次接受阚泽的主张上看，孙权不但看进去了，而且悟得还很深。如孙权曾就如何处理校事吕壹向阚泽咨询，先前有人认为应"焚裂"，即处以火烧或分尸的酷刑，也叫"炮烙之刑""五马分尸"，以彰显其罪大恶极。阚泽说："政治昌明的时代，不宜再有这类刑罚。"孙权听从了阚泽的意见。又如孙权对官场中的不良风气极为不满，想通过加重处罚条令进行遏制，以约束控制臣僚。阚泽则建议"应当依照礼仪和刑律办事"。孙权也依照阚泽的意见加以办理。看来，阚泽以古文劝谏主公的目的是达到了。孙权对阚泽十分信赖，以至阚泽去世，孙权悲痛无比，竟一连数日不能进食。

好书成癖的刘恕

宋代刘恕，字道原，曾与司马光共同修撰《资治通鉴》。司马光完成《资治通鉴》后，在元丰七年（1084）呈宋神宗的《进书表》中，连同自己共列了五位作者，其中第三位便是"同修秘书丞臣刘恕"。《宋史·刘恕传》载："司马光编次《资治通鉴》，英宗命自择馆阁英才共修之。光对曰：'馆阁文学之士诚多，至于专精史学，臣得而知者，唯刘恕耳。'即召为局僚，遇史事纷错难治者，辄以诿恕。恕于魏、晋以后事，考证差缪，最为精详。"表明刘恕是司马光修撰《资治通鉴》的得力助手，专门处理史事纷繁杂乱之处，对魏晋以后之事进行的考证差错最为精确详细。我们今天得以阅读这部巨著，刘恕功不可没。

刘恕 13 岁时，想参加选拔非常之才的制举考试，向别人借了《汉书》和《唐书》，看了一个月就全部归还。为了求取书籍，即使数百里路，他也不以为远，径直前去，一拿到书便一边读一边抄录，废寝忘食。宋次道任亳州知州时，家中有很多藏书，刘恕便专门绕道去他家借阅。宋次道为他准备饭菜以尽主人之礼。刘恕说:"这不是我来你家的目的,还会耽误我的事情。"于是将饭菜全部撤掉。刘恕独自一人待在屋里,夜以继日地阅读、抄写书籍。他在宋次道家待了十多天,直到将藏书看完才离去,导致眼睛都生病了。刘恕"笃好史学,自太史公所记,下至周显德末,纪传之外至私记杂说,无所不览,上下数千载间,钜微之事,如指诸掌"。即刘恕十分爱好史学,从太史公司马迁所记开始,到周显德末年,纪传以及纪传之外的私记杂说,没有他没读过的,上下数千年间,无论大事小事,都了如指掌。"(刘)恕为学,自历数、地里、官职、族姓至前代公府案牍,皆取以审证。"即他读书学习的涉猎面极广,考证又深又细。

有件小事足以证明刘恕的史学功底有多么深厚。"偕司马光游万安山,道旁有碑,读之,乃五代列将,人所不知名者,恕能言其行事始终,归验旧史,信然。"即有一天,刘恕和一些人陪司马光游览万安山,看见道旁立有一通石碑,上面写有五代时一些将官的名字,大家都不知道他们是些什么人,刘恕却能说出他们的事迹始末来。司马光回去查验了相关史书,发现果然像刘恕所说的那样。刘恕后来得了中风之疾,以至于右手右足偏瘫,但仍然苦学如常,病稍好一点儿就写书,直到病情危急时才停止写作。刘恕著述颇丰,除参与《资治通鉴》撰写外,还著有《五代十国纪年》《十六国春秋》,专采《史记》《左氏传》所未记载之事,被称为《通鉴外纪》。

苏轼在长诗《送刘道原归觐南康》中写道:"十年闭户乐幽独,百金购书收散亡。揭来东观弄丹墨,聊借旧史诛奸强。"盛赞刘恕长时间闭门不出,享受独处的乐趣,不惜花费重金,收集散失的书籍，体现了刘恕对书籍的渴望和对于独处生活的享受。赞扬了他在京城皇家图书阁协助司马光修撰《资治通鉴》，借着著史的机会抨击奸佞，语言凌厉好似口中喷吐着寒风烈霜。明代黄汝亨在《廉吏传》中则称刘恕是"书僻"，即好书成癖之人。

《聊斋志异》中的"异史氏曰"启人心智

"异史氏"是蒲松龄的自称，他在《聊斋志异》许多篇目的最后一段，都用"异史氏曰"作为开头，以议论的方式，发表自己的意见，或揭示所写故事人物的内涵，或表达自己的主观理性认识，从而使得整个作品更加生动、更有深度，以帮助读者更好地理解自己的作品。笔者从《聊斋志异》书中随便辑纳几则"异史氏曰"，稍加粗浅评说，献给广大读者。

先说一则与沈阳有关的故事——"黑兽"篇。有个沈阳人和朋友在山顶聚会，低头往下看，看到了黑兽的手下老虎，正在将捉到的鹿小心翼翼地埋进事先挖好的坑里。这个沈阳人很好奇，就把坑里的鹿拿走了，又把坑埋好。过了一阵子，老虎回来了，后面跟着一只黑兽，到了埋鹿的地方，老虎便挖坑，没想到坑挖开后，鹿却不见了。老虎吓得趴在地上。看到老虎欺骗自己，黑兽直接将老虎击杀，然后不开心地走了。异史氏曰："兽不知何名。然问其形，殊不大于虎，而何延颈受死，惧之如此其甚哉？凡物各有所制，理不可解。""余尝谓贪吏似狼，亦且揣民之肥瘠而志之，而裂食之；而民之戢耳听食，莫敢喘息，蛊蛊之情，亦犹是也。可哀也夫！"即那黑兽不知叫什么名字，然而看它的样子，一点儿也不比老虎大，老虎却伸着脖子老老实实地等死，为什么老虎这么怕那头黑兽呢？但凡天下万物，都有自己的天敌，常理根本无法理解。我常说，现在的贪官污吏就像金丝猴一样，也是揣摸老百姓的肥瘦，做下记号，再撕裂吃掉。而老百姓则是顺着耳朵听任被吃，大气不敢出，那情景多么像金丝猴吃猕猴！真是可悲呀！

"云翠仙"篇讲的是，云翠仙的母亲，随随便便地就把女儿嫁给了一个市井无赖。而云翠仙遇到这样的不幸，却能够机智地掌握自己的命运，挣脱了这段不幸的婚姻。异史氏曰："故以善规人，如赠橄榄；以恶诱人，如馈漏脯也。听者固当省，言者可勿惧哉！"即劝人做好事，好比送给人家一颗橄榄；诱人做坏事，好比送给人家一块坏了的腊肉。听的人固然应当审慎，但说的人难道不应戒惧吗？

"阿宝"篇讲述了书生孙子楚与美丽少女阿宝之间的爱情故事。孙子楚尽管家境贫寒，却坚定地追求阿宝，发奋读书，最终打动阿宝，赢得了爱情。故事揭示了社会阶级差距对人们生活的影响，展现了坚定的信仰和不懈努力的重要性。异史氏曰："性痴则其志凝，故书痴者文必工，艺痴者技必良；世之落拓而无成者，皆自谓不痴者也。且如粉花荡产，卢雉倾家，顾痴人事哉！以是知慧黠而过，乃是真痴；彼孙子何痴乎！"即痴心的人对待目标一定专注，所以痴心于书本的人，文章必定工整，痴心于技艺的人，技术一定精良。世上那些落拓不羁、一事无成的人，都是自以为不痴的人。比如那些为了嫖娼而倾家荡产的人，为了赌博而败家的人，他们难道是痴傻之人吗？由此可见，聪慧过了头才是真的痴，那个孙子楚哪里是真的痴呢！

"遵化署狐"篇讲的是，丘公上任遵化道台后，发现官署中有很多狐狸精，时常出来祸害人。丘公决定清除这些狐狸精，最终指挥士卒用大炮轰击了狐狸精的巢穴，只有一只狐狸精逃走了，官署从此平安无事。后来丘公派心腹携带大宗银子到京城，打算通过行贿来谋求升官，但事情没办成，便把银子寄藏在了某衙役家里。忽然有个老头儿向朝廷揭发丘公克扣军粮、向上行贿，银子就藏在某某家里。朝廷派人押着这个老头儿来查验，果然搜出了银子，然而老头儿却失踪了，查找乡里的名册，竟然也没有这个人，丘公因此被处以死刑。后来才得知老头儿是先前逃走的那只狐狸精。异史氏曰："狐之祟人，可诛甚矣。然服而舍之，亦以全吾仁。公可云疾之已甚者矣。抑使关西为此，岂百狐所能仇哉！"即狐狸迷惑人，实在该杀。但若是能够降服它，并放它一马，也可以保全我们的仁人之心。丘公可以说是太过于痛恨那作祟的狐狸了。可如果是以"四知先生"而清廉闻名的东汉名臣杨震杀死了狐狸，就算有一百只狐狸精想报仇，也找不到机会啊！

清正不凡的高登

宋代高登，11岁丧父，母亲勉力供其求学。他勤奋读书，潜心钻研《易经》，后入太学。于绍兴二年（1132）在朝堂上回答皇帝咨询时，尽意而言，无所顾忌与回避。权臣们憎恨他的耿直，就外派他担任富川主簿，相当于今天县政府的办公室主任一职。

《宋史·高登传》载："满秩，士民丐留不获，相率馈金五十万，不告姓名，白于守曰：'高君贫无以养，愿太守劝其咸受。'登辞之，不可，复无所归，请置于学，买书以谢士民。"即高登一心为民，在富川干得有声有色，深得百姓拥护。任期满后，当地民众十分不舍，都乞求能让高登留任，但没有得到允许。于是民众相约凑钱50万欲赠给高登，并不留姓名，民众找到郡太守说："高君贫困不能养家，连返乡的路费都不够，希望太守您能帮助劝说高登收下这笔钱。"高登无法推辞，又没法归还，就将这笔钱存放在当地学府，用来买书以助学子们攻读。为此，高登写了《辞馈金》一诗，其中有这样几句："可取无取未伤廉，每念易污惟皓皓。不如买书惠泮宫，聊助贤侯采芹藻（芹藻，比喻有才学之士）。"大意是，高登不愿因财富而玷污自己的清白，决定用民众的赠金来购买书籍捐赠给学堂，以资助学子们的学习，期待他们能深入研读、有所成就。学子们以后若是想念高登，不如用好好读书这种办法来报答他，如果学子们通过读书有出息了再来告诉高登，他会感到无比欣慰。

《宋史·高登传》载："登谪居，授徒以给，家事一不介意，惟闻朝廷所行事小失，则颦蹙不乐，大失则恸哭随之，临卒，所言皆天下大计。""其学以慎独为本，所著《家论》《忠辨》等篇，有《东溪集》行世。"即高登后因事多次忤逆秦桧，屡屡被贬。尤其是高登任古县县令时，广西经略胡舜陟因秦桧之父曾任过古县县令，想为秦父建祠堂。高登却拒绝道："桧为相亡状，祠不可立。"即高登说，秦桧当宰相时胡作非为，祠堂不可建。高登因此被撤了职，还被诬陷有专杀之罪，被捕入狱，后虽昭雪出狱，仍得不到任用。但高登一如既往教授学生、种菜栽竹，对于家事毫不介意，但一旦发现国事、政事，哪怕只有小小的错失，他都会愁容满面、唉声连天。如果发现朝廷政策有重大失误，他甚至会恸哭不止。直至死前所说的话都是国家大事。高登治学一直以慎独为本，有《东溪集》等书籍留传下来。

《廉吏传》的作者称赞高登道："如此忠愤之人，焉能取容。置金买书清奇。"即如此忠诚愤激之人，岂能被容下。将馈赠的钱财用来买书真是清正不凡。

本传载："后二十年，丞相梁克家疏其事以闻。何万守漳，言诸朝，追复迪功郎。后五十年，朱熹为守，奏乞褒录，赠承务郎。"即乾道五年（1169），时任枢密院事的梁克家，在中书省刑房找出当年朝廷下给高登的赦书，并援引赦书上奏宋孝宗，请求撤销对高登的贬斥。绍熙二年（1191），时任漳州知府的朱熹，向宋光宗上奏《乞褒录高登状》，重新提起为高登平反昭雪之事，获得批准。宋光宗下诏书，追复高登原官，仍赠承务郎。朱熹还亲自为新建的"高东溪祠"题写了"获鹿感鱼，千秋称孝子；朋东仇桧，万古识忠臣"的对联，称赞高登为"百世师表""忠孝两全"。

关于此联中"获鹿感鱼"的故事，本传对"感鱼"有所记载："登事其母至孝，舟行至封、康间，阻风，方念无以奉晨膳，忽有白鱼跃于前。"即高登非常孝顺，携母亲乘船归乡，遇大风阻隔，正愁无法吃到早餐，忽然竟有鱼儿跃到船上来了。而"获鹿"就只是美妙的传说了，讲的是有一次高登母亲病了，想要喝鹿肉汤，但高登没有钱买鹿肉，愁得一夜未眠。次日开门却见一只老虎衔来一只小鹿放在了门口。高母不忍心，就将小鹿救治养在家里，小鹿以后便与高家人形影不离。现如今，"获鹿感鱼"的典故仍流传在闽南大地。

常景贪书

北魏大臣、文学家、藏书家常景，从小聪明过人，开始读《论语》《毛诗》时，老师教一遍他就会读。长大后才思敏捷，好写文章。后来，常景被魏孝文帝任命为门下录事，历经宣武帝、孝明帝，直至东魏孝静帝，以右光禄大夫致仕。常景一生不图官位、不贪财产，只有一个嗜好，"贪书"。

常景善于与人交往，对人始终如一，和他来往的人都佩服他那深远宽阔的气度，不曾看见他骄矜吝啬的表现。他喜欢饮酒，淡泊名利，有自己的抱负，不结交权门，性情温和宽厚、恭敬谨慎。每当读书遇到有益的规劝时，便将古代可以借鉴的事画成图像，写下赞文。他曾写道："饵厚而躬不竟，爵降而心不系。守善于已成，惧愆于未败。"即面对丰厚的赏赐不去争抢，地位有所降低却不介怀，在成功后依旧坚守善念，在还没有遭遇失败时就心怀戒惧、保持警惕。

常景正因为有如此胸怀，所以尽管在门下省做官多年一直没有得到升迁，也没有怨声载道。他以蜀地的司马相如、王褒、严君平、扬子云等四位贤才自比，他们同样很有才干却没有得到重要的官职。常景遂以五言诗的形式，分别咏颂他们，来寄托和舒缓自己的心情。《魏书·常景传》录下了这四首诗。赞司马相如："长卿有艳才，直致不群性。郁若春烟举，皎如秋月映。游梁虽好仁，仕汉常称病。清贞非我事，穷达委天命。"赞王褒："王子挺秀质，逸气干青云。明珠既绝俗，白鹄信惊群。才世苟不合，遇否途自分。空枉碧鸡命，徒献金马文。"赞严君平："严公体沉静，立志明霜雪。味道综微言，端蓍演妙说。才屈罗仲口，位结李强舌。素尚迈金贞，清标陵玉彻。"赞扬雄："蜀江导清流，扬子挹余休。含光绝后彦，覃思邈前修。世轻久不赏，玄谈物无求。当途谢权宠，置酒得闲游。"

常景从小到老，虽居官位，却清廉自守，不经营家产。至于衣食，够用就行了。时任参军的友人刁整常对他说："你以有清纯的道德自居，不置买家产，虽然节俭之风值得表彰，但是你将靠什么生活呢？"刁整遂率朋辈各出钱千文，为常景买了一匹马。天平初年（534），东魏迁都邺城，朝廷征集百官的马匹，尚书丞和郎官以下不是陪从圣驾的，一律骑驴，40万户官民狼狈上路。齐神武王高欢因常景清贫，特拨给他4辆牛车，他们一家老小才得以到达邺城。武定六年（548），常景因年老多病解职。孝静帝下诏称，常景精研学问，文史知识精深渊博，前后在三个国都任职，历时五纪，上奏章要解官归乡，没有多余的俸禄，家徒四壁，应该给予体恤，以褒扬这位老臣。特赐予右光禄大夫的俸禄，作为养老之资。

常景"耽好经史，爱玩文词，若遇新异之书，殷勤求访，或复质买，不问价之贵贱，必以得为期"。即常景沉溺于经史，爱读文章词赋。如果遇到没有见过的书，总要想方设法弄到手。而且他购买书籍从来不问价钱高低，一定以得到为目的。正因为如此，《廉吏传》作者才称常景"贪书"，即所贪的是书。

家无余产聚书万卷

申屠致远，是元代的重臣、名臣，在元世祖忽必烈南征时，担任经略司知事。这个职位涉及军中机务的谋划和处理，是元代的一个重要职务。申屠致远在这个职位上对元军的机要事务贡献良多，提供了许多关键决策，如大军班师至随州，申屠致远把蒙军所俘获的男女全部予以释放。

南宋被平定后，申屠致远首先提出："宋图籍宜上之朝；江南学田，当仍以赡学。行省从之。"即宋朝的档案文书、书籍图册都应送往朝廷，加以妥善保管；江南的学田仍应作为办学之用，不可为将士们圈地私用。元朝设立的地方行政机构——行省采纳了这一意见。这个提议，堪比汉代萧何、隋代牛弘的做法与建议。萧何在破秦都城咸阳后，在宫殿里忙着搜集秦朝所有的户籍、地图、档案、书籍，并将其仔细保管；隋朝建立后，因之前战乱不止，很多书籍都散落遗失了，牛弘建议隋文帝广开民间献书途径，搜集了大量的书籍文献，典籍又丰富了起来。正是有萧何、牛弘乃至申屠致远等这样有远见卓识之人的护佑，中华典籍才得以代代相传，中华文明才得以从未中断并延绵不绝。再引申一下，《宋史》的编修是由元朝丞相脱脱主持，自元顺帝至正三年（1343）开始，历时两年半就编修完成，且《宋史》又是"二十四史"中篇幅最大的。成书时间如此之短，其中一个重要原因是宋朝本身十分重视对历史的编修，保留到元朝时的史料极其丰富，《宋史》的很多资料都是从宋朝的史料原文中摘取的。宋朝的史料文献虽多，但关键是元朝要全盘接受、保存完好才是。这就更加让人感到，申屠致远在灭宋之初提出的那个建议是何等的伟大！

申屠致远以其高尚的品行和廉洁的官风著称，他清廉修身，生活贫苦节俭，拒收贿赂。申屠致远任杭州总管府推官之时，宋朝驸马杨镇的侄子杨玠节，家财殷实，看守财物的官吏姚溶盗取了他的银两，因怕事情败露，于是就诬陷杨玠节暗地里与宋朝流亡的王子勾结私通。官吏拷打杨玠节，要迫使他认罪，以尽快结案。申屠致远审核此案后，查明其中的隐情，使姚溶认罪，杨玠节的冤屈得以昭雪。事后，杨玠节带着金子前去致谢，申屠致远愤怒地回绝了他。

申屠致远一生以侍奉贪腐的权贵为耻。他任江南行台监察御史之时，正值宰相桑哥把持朝政，治书侍御史陈天祥下派到湖广，弹劾平章（官名，负责处理地方政务）要束木（人名），桑哥对陈天祥弹劾奏疏中的话断章取义，诬陷他大逆不道，奏请逮捕陈天祥。当时行台要派遣御史巡查湖广，大家都害怕桑哥，因此没人敢去。申屠致远毅然请求前往，他到了湖广之后多次上奏，极力为陈天祥争辩。桑哥正催促着欲定陈天祥之罪，但正赶上申屠致远的奏章呈上，桑哥的气势遂弱了下来，变得无话可说了。

《元史·申屠致远传》最后的几句话总结了他的一生："致远清修苦节，耻事权贵，聚书万卷，名曰'墨庄'，家无余产，教诸子如师友。"即申屠致远清廉修身，生活贫苦节俭，家中没有产业，一生以侍奉权贵为耻，他的书斋之中有藏书万余卷，名号"墨庄"。他教子有方，7个儿子或为学官，或为朝廷和地方的大员。他的生活深受儒家思想影响，尤其崇尚"忍"的理念，因此以"忍"名其书斋，人们称他为"忍斋先生"。尽管他的生活清贫，去世时家中除了有数千册珍贵的书籍外，还留有几箱未完成的著作，但他的学术成果丰硕，包括《释奠通礼》3卷、《杜诗纂例》10卷、《集古印章》3卷、《集验方》12卷、《忍斋行稿》40卷。所有这些，都是他留给后世的宝贵遗产。

三国人士之间行子孙礼的趣闻

　　行子孙礼，属于古人日常相见时的礼仪。《十三经》之一的《礼仪·上相见礼》就详细记载了士大夫相见的礼仪，包括对见面礼的规定，甚至对说话时的眼神也有严格的规定，如要先看其面部，然后看其肩部，最后再看其面部。春秋之后的历代都对相见礼有着相应的明文规定，直至清代的《士庶相见礼》，对于主人如何迎接、安排座次、饮茶、送客等，都做出了一系列详细规定。

　　而《礼仪·士相见礼》又规定了子与父相见时的礼节："若父，则游目，毋上于面，毋下于带。若不言，立则视足，坐则视膝。"即如果是和父亲相见交谈，那目光可以任意转动，但注视的范围不能上高过脸部、下低过腰部。如果不是谈话，站立时目光要看着脚，坐着时目光则看着膝。

　　从上述记载中可以看出，子孙对长辈的礼数是很多的，行子孙礼，就是要以子孙对待父祖辈的礼节来尊奉他人。《三国志》中记载了多个"行子孙礼"的故事。

　　《张范传》载："太祖征伐，常令（张）范及邴原留，与世子居守。太祖谓文帝:'举动必谘此二人。'世子执子孙礼。"
即曹操外出征伐,常令张范和邴原留下,与世子曹丕一同留
守。曹操对曹丕说:"你的行动必须咨询这两个人。"曹丕对他
们两人行子孙礼。陈寿称张范与邴原"躬履清蹈,进退以道,
盖是贡禹、两龚之匹"。即这两人是清纯踏实,仕进隐退都遵
从道义,可以与以名节著称的西汉贡禹和龚胜、龚舍相比。汉
元帝时期的御史大夫贡禹,因通晓经书、品行端正而出名,曾
屡次上奏,切中时弊,是一位有远见、尽职尽责的忠臣;龚
胜、龚舍,二人为好友,皆好学经学,均以清廉著称,为谏议
大夫时数次上书,其言辞与贡禹的上奏相类似。正因为张范和
邴原具有贡禹、"两龚"那样的品德与才学,曹操对他二人极
为重视,每每托付张范与邴原辅助太子留守之重任,曹丕又怎
敢对这两人不敬!

《贾诩传》载:"(贾)诩遂往,(张)绣执子孙礼。"贾诩
是三国中的奇才,他无论是在哪个阵营中,所出的计策都非常
给力。如董卓失败后,给董卓手下四将出主意打回长安;给张
绣出计策,大败曹操;给曹操献计离间韩遂、马超,进而胜
之,等等。陈寿称:"贾诩,庶乎算无遗策,经达权变,其良、
平之亚欤!"即贾诩谋划几乎没有失策的地方,他的筹划达到
了随机应变的程度,大概仅次于张良、陈平吧!对如此重量级
的人物,草莽出身、割据一方的张绣岂能不予以尊重!

《崔琰传》裴松之注引司马彪《九州春秋》曰:"高密郑玄,
称之郑公,执子孙礼。"即孔融对高密的郑玄,待之甚厚,告
诉手下僚属称他为郑公,不得直呼其名,并对他持晚辈对长辈
的礼节。郑玄是东汉末年的大儒,遍注群经,成为汉代经学的

集大成者，被称为"郑学"。今天通行的《十三经注疏》中的《毛诗》《三礼》注疏，就是采用的郑玄注本。孔融作为孔子的二十代孙，能不敬重郑玄吗?

看来，人们对品行端正、学识渊博、清正廉洁之士，向来都是敬重有加的，尊重贤人、见贤思齐，是中华文明的重要组成部分，时至今日乃至今后，依旧会是这个样子的。

读千赋乃能作赋

　　《读千赋乃能作赋》是载于《西京杂记》中的一篇短文："或问扬雄为赋，雄曰：'读千首赋，乃能为之。'"即有人问扬雄写赋的技巧，扬雄回答说："读一千首赋，就能自己写赋了。"

　　扬雄，字子云，是汉代与司马相如、班固、张衡齐名的汉赋四大家之一，一生中写了很多流传千古的辞赋，如《甘泉赋》《校猎赋》《河东赋》《长杨赋》等，尤其是他关于写赋的评论，对后世赋的发展有着很大的影响。

　　东汉经学家、哲学家桓谭，又将扬雄关于赋的论述加以升华，他在《新论》中说："扬子云攻于赋，王君大习兵器，余欲从二子学，子云曰：'能读千赋，则善赋。'君大曰：'能观千剑，则晓剑。'谚曰：'伏习象神，巧者不过习者之门。'"此谚语是说，刻苦练习后技能自会通神，连灵巧的人也不敢经过他家门前。指事业的成功要靠刻苦用功，而不在聪明与否。

　　三国时代，大儒董遇曾说过："读书百遍，而义自见。"《三国志》裴松之在《王肃传》注引《魏略》载："董遇字季直，性质讷而好学。""初，遇善治老子，为老子作训注。又善左氏传，更为作朱墨别异。人有从学者，遇不肯教，而云'必当先读百遍'。言'读书百遍，而义自见'。"这段文字记录下了董遇的一句名言，"读书百遍，而义自见"。即：书读得熟了多了，自然就会知道它的含义了。

南宋大儒朱熹《训学斋规》载："凡读书……须要读得字字响亮，不可误一字，不可少一字，不可多一字，不可倒一字，不可牵强暗记，只是要多诵数遍，自然上口，久远不忘。古人云，'读书千遍，其义自见'。谓读得熟，则不待解说，自晓其义也。"即凡是读书，必须要将每个字都读响亮，不可以读错一个字，不可以少读一个字，不可以多读一个字，不可以读颠倒一个字，不可以勉强硬记，只要多读几遍，就自然而然顺口而出，即使时间久了也不会忘记。古人说："书读的遍数多了，它的意思自然会显现出来。"就是说书读得熟了，那么不依靠别人解释说明，自然就会明白它的意思了。明代何伦《何氏家规》载："读书以百遍为度，务要反复熟嚼，方始出味。"

清代孙洙在《唐诗三百首》的序言中称："熟读唐诗三百首，不会作诗也会吟。"说的也是这个意思，经常读唐诗三百首，即使不会自己作诗也会吟诵诗歌。通过反复朗读、背诵，能够在不知不觉中汲取古人的智慧，体会作者的内在思想感情，从而能够吟诵诗歌。

看来，古人读书学习必熟读多读，甚至达到出口成诵的程度，这正应了如下几个成语所说：熟能生巧、巧能生精、精能生妙、妙能入道，这不正是形象地描述了知识、技能和智慧逐步提升的过程吗？更是折射出中华传统文化中对知识、技能、智慧之境界的不懈追求。百遍为基，精熟为贵，温故知新，终身受用。当下读书学习也应该是这样的，只有在不断的反复中，才能领悟到其中的道理和规律，进而达到游刃有余、得心应手、驾轻就熟的境界。挤出时间来，提起精气神，好书就读它个十遍八遍，甚至更多遍，并认真记笔记，联想促思索，久而久之，思想的深度、广度、力度，就都会来与你为伍，定会促进工作与事业的成功。有的朋友可能不信，不妨尝试一下吧！

品《观书》，悟至乐

　　"书卷多情似故人，晨昏忧乐每相亲。眼前直下三千字，胸次全无一点尘。活水源流随处满，东风花柳逐时新。金鞍玉勒寻芳客，未信我庐别有春。"

　　上述《观书》一诗，出自明代于谦之手。明代著名民族英雄、诗人于谦，生性刚直，博学多闻。他的勤学苦练精神与他的高风亮节一样名传后世。这首诗写诗人的亲身体会，抒发了喜爱读书之情，意趣高雅，风格率直，说理形象，盛赞书之好处，极写读书之趣，颇有感染力。

　　诗的首联用拟人手法，将书卷比作多情的老朋友，每日从早到晚和自己形影相随、愁苦与共，形象地表明诗人读书不倦、乐在其中。颔联用夸张、比喻手法写诗人读书的情态。一眼扫过 3000 字，这是个非确切的数字，极言读书之多之快，更表现诗人读书如饥似渴的心情。胸无一点尘，是比喻他胸无杂念。这两句诗使诗人专心致志、读书入迷的情态跃然纸上，也道出了一种读书方法。颈联用典故和自然景象作比，说明勤读书的好处，表现诗人持之以恒的精神。活水一句，是化用了朱熹《观书有感》中的句子:"问渠那得清如许,为有源头活水来。"是说坚持经常读书,就像池塘不断有活水注入,不断得到新的营养,永远清澈,就像东风催开百花,染绿柳枝一样,依次而来,其乐趣令人心旷神怡。尾联以贵公子反衬,显示读书人书房四季如春的胜景。读书可以明理,可以赏景,可以观史,可以鉴人,可谓思接千载,视通万里,这美好之情之境,不是玩物丧志的游手好闲之流所能领略的。

该如何论证"读书得真趣"呢?书是老友,书是高雅,书是灵感,书是美景,结论自然是:读书是至乐之事!

不独于谦一人赋诗抒发读书之乐,宋末元初诗人翁森,曾专门作诗《四时读书乐》。"读书之乐乐何如,绿满窗前草不除",这是春季读书之乐;"读书之乐乐无穷,瑶琴一曲来薰风",这是夏季读书之乐;"读书之乐乐陶陶,起弄明月霜天高",这是秋季读书之乐;"读书之乐何处寻,数点梅花天地心",这是冬季读书之乐。即春季读书的乐趣好比绿草长到窗前而不剪除,放眼望去,一派欣欣向荣的景象。夏季读书的乐趣是无穷的,好比沐浴着煦暖的南风,用瑶琴来弹奏一曲。秋季读书的乐趣很令人愉悦,好比在高远的秋夜里,起身来赏玩明月。冬季读书的乐趣到哪里去寻找?就在这寒天雪地,且看那几朵盛开的梅花,从中可以体会天地孕育万物之心。总之,翁森提倡的读书是乐读,四时皆宜读书,而读书皆得其乐。

清人黄图珌在《看山阁闲笔》中有一段颇富诗意的文字:"窗明几净,开卷便与圣贤对语,天壤间第一快乐事也。……夫明月当轩,清风拂户,有其时也。山静日长,云深径僻,有其处也。鹤和松间，蛩吟砌畔，有其情也。花笑阑前，鸟啼林外，有其景也。至若有时有处，有情有景，而后开卷诵读，其快乐又何可胜言哉。"黄图珌在书中找到了心灵的归宿，得到了精神的慰藉和提升。

读书是陶冶性情的最好招数，好书一卷，静心安神，心静如水，慢慢地读，细细地品，静静地思，定能融入作者的精神世界，定会品味到诸葛忠武侯的鞠躬尽瘁、淡泊宁静；李太白的斗酒百诗、逍遥洒脱，陶渊明的悠然自得、东篱采菊；刘禹锡的甘居陋室、安贫乐道；"竹林七贤"的魏晋风度、旷达不羁；顾炎武的天下兴亡、匹夫有责。

朋友们，读书为至乐，何乐而不为！

杜预读《传》成癖，《集解》传世

"时王济解相马，又甚爱之，而和峤颇聚敛，预常称'济有马癖，峤有钱癖'。武帝闻之，谓预曰：'卿有何癖？'对曰：'臣有《左传》癖。'"这是《晋书·杜预传》中的一段记载，说的是在群臣中，王济爱马，和峤敛财，杜预嘲讽说："王济有马癖，和峤有钱癖。"晋武帝司马炎问杜预有何癖，杜预回答说："臣有《左传》癖。"

杜预从小就博览群书，博学多通，对经济、政治、历法、法律都有所研究。西晋建立后，杜预出任镇南大将军，镇守荆州，三家归晋后入朝任司隶校尉。本传载："预身不跨马，射不穿札，而每任大事，辄居将率之列。结交接物，恭而有礼，问无所隐，诲人不倦，敏于事而慎于言。既立功之后，从容无事，乃耽思经籍，为《春秋左氏经传集解》。"

杜预有句名言，据《全晋文》卷四十三记载，杜预自述"少而好学。在官则勤于吏治，在家则滋味典籍"。他是这样说的，更是这样做的。为官时，无论任何职务，他都有相当出色的政绩。如与贾充等人完善《晋律》，被史家评为"元凯（杜预的字）文场，称为武库"。任州官时，"公家之事，知无不为。凡所兴造，必考度始终，鲜有败事"。建立学宫，修缮水利，安民富民，"众庶赖之，号曰'杜父'"。镇守荆州时出谋献计伐吴，成为灭吴之战的统帅之一，尤为可贵的是功成不居。

杜预立功后从容无事，便一头扎到《左传》里，专心为《春秋左氏经传》作集解。杜预在《春秋左氏经传集解》中，对《左传》重新作注，进一步完善了《左传》之学，考释严密，注解准确，内容广泛，涉及天文、地理、人物、事迹、训诂、名物等，其中不乏独立的见解和精辟的论述，专取左丘明之传，以解释孔子之经。按照《春秋》经文重新编排而成，既有继承，也有创新，是《左传》注解流传至今最早的一种版本。清代时收入《十三经注疏》中的《春秋左传正义》六十卷，就是杜预的"集解"与唐代孔颖达的"正义"之合集。史上对杜预的集解评价甚高。如晋秘书监挚虞说："左丘明本是为《春秋》作传，而《左传》遂自孤行，《释例》本为《传》设，而所发明何但《左传》，故亦孤行。"即晋秘书监挚虞说："左丘明本是为《春秋》作传，而《左传》却单独流行。杜预的《释例》本是为《左传》而设，但所阐发的道理不限于《左传》，所以也单独流行。"有的学者还说，此集解为《左传》作注的最优者。

凭借《春秋左氏经传集解》及其他多部著述以及卓越的战绩战功，杜预早早就进入了文庙和武庙，诸葛亮于清代进入文庙后，史上只有杜预和诸葛亮两人同时进入了文庙与武庙。杜预实现了他早年许下的诺言。本传载："预博学多通，明于兴废之道，常言：'德不可以企及，立功立言可庶几也。'"
即杜预常说："立德是我无法企及的，立功立言差不多可以做到。"

典籍代有抢救者

中华典籍是最为绵长悠久、庞杂浩大的文化传承，是民族的文化血脉和国人的文化基因，是中华文脉绵延数千载的历史见证，更是文化传承与创新的基础。但由于秦始皇焚书坑儒，导致天下藏书几近毁于一旦，加上宋代以前还没有发明活字印刷术，只能靠手抄方式和雕版印刷来保存和传播书籍，再加上历次改朝换代战火的摧残与破坏，所以在古时的任何年代里，书籍都是非常珍贵的稀罕物品。因此，历代都有为抢救收集典籍而奔走呼号忙碌的使者们。

早在西汉时期，朝廷就派员在民间求书。《汉书·成帝纪》载，河平三年（前26）"光禄大夫刘向校中秘书。谒者陈农使，使求遗书于天下"。陈农是史书上记载最早担任"求遗书"即"括图书"任务的使者，就是被朝廷派到民间去，广泛收集散在民众手中的典籍。后世以"陈农"指代搜求遗落典籍者。

三国虽属战乱年代，也不乏典籍收集者。《三国志·袁涣传》载，官至郎中令的袁涣对曹操说："现在国家已经基本平定了，所以不应该再只重视武，也应该重视文。应该文武并用，才能治理好国家。我认为可以大举收集篇章典籍，彰明先世圣明的教诲，用来改变百姓的所见所闻，使海内崇尚文化蔚然成风，那么远方没有臣服的人，可以用文德让他们来归顺。"曹操很赞赏他的观点。

在战乱甚于三国的南北朝时期，收集典籍也未停止。《魏书·李先传》载，北魏的太祖问李先："天下什么书最好，可以增长人的精神智慧？"李先回答说："只有经书。"太祖又问："天下的书籍，共有多少？我打算收集它，怎样能收全呢？"李先回答说："伏羲创立制度，帝王相继承，以至于现在，世代相传的国史，天文和记述神秘事物的书籍不计其数。陛下果真想收集它，可严令天下郡县搜索并全部送来，陛下既然喜好，收集起来也不难。"太祖于是向天下颁发诏令，经籍渐渐汇集起来。

隋代更是重视书籍的汇聚与积累。《隋书·牛弘传》载，隋开皇初，散骑常侍、秘书监牛弘，鉴于隋朝新立，典籍在历史上遭受秦焚书坑儒、王莽篡汉、东汉末年之乱、东晋覆灭以及侯景之乱的五次厄运，造成遗佚严重，国家藏书尚少，上表请开献书之路，恳求派专使搜访遗落的典籍。隋文帝于是下诏，凡献书一卷，奖绢一匹，又设专人抄录副本，原本或归本人，或由国家珍藏。鉴于所收之书"纸墨不精，书亦拙恶"，便在"总集编次，存为古本"的基础上，又召来韦霈、杜颙等"工书之士""补续残缺"，书写正副二本，珍藏宫中。"一二年间，篇籍稍备。"隋朝两代皇帝都实行收集典籍这项政策，到隋炀帝时，把秘书阁藏书加写成五十副本，并加大征书力度，国藏书籍更多了。

到了唐代，像陈农那样的"括图书"已经是一个常态化的任务。从开元初年（713）至建中末年（783），七八十年之间，朝廷不断地派官吏下到民间去"括图书"。朝廷派出的官员，全是由进士担任的秘书省官员，个个才高八斗，好几人被誉为"大历十才子"，仅唐诗中涉及的就有李嘉祐、耿湋、崔峒、沈校书、萧颖士等多人。唐代的"括图书"成效相当突出。《宋史·艺文志》载："历代之书籍，莫厄于秦，莫富于隋、唐。"

今天，人们在手捧典籍，品读文字，回味史实，收获启智之际，可不要忘记这些使者，正是他们的不懈努力，才使得中华典籍能有今天这样浩如烟海的规模。

诚然，历代开国之初，皇帝和有识之臣也都特别重视收集典籍，这在"二十四史"和《清史稿》中有非常清楚的记载。《汉书·艺文志》载："汉兴，改秦之败，大收篇籍，广开献书之路。"《旧唐书·艺文志》载："贞观中，魏征、虞世南、颜师古继为秘书监，请购天下书。"《宋史·艺文志》载："宋初，有书万余卷。其后削平诸国，收其图籍，及下诏遣使购求散亡，三馆之书，稍复增益。"《明史·艺文志》载："明太祖定元都，大将军收图籍致于南京，复诏求四方遗书，设秘书监丞，寻改翰林典籍以掌之。"《清史稿·艺文志》载："复改国史、秘书、弘文三院，编纂国史，收藏书籍，文教始兴。"所有这些举措，都对典籍的保存与传承起到了至关重要的作用。

古代四言诗判词趣谈

"一日一钱，千日一千；绳锯木断，水滴石穿。"

这是宋代罗大经在轶事小说《鹤林玉露》中记载的一则四言诗判词，说的是宋初大臣张咏任知县时，发现一个管钱小吏，偷了一枚钱藏在头巾里带出库房，于是命令衙役杖打那名小吏。小吏不服，嚷道："我不过偷了一文钱，你竟打我，还能杀了我不成？"张咏当即写下上述判词，写完便拔剑杀了那名小吏，然后向上峰写报告请求自劾。

中国是一个诗词的国度，"唐诗宋词"乃民族瑰宝。古代的知县州府的大员，基本上都是士子出身，对诗词既有喜好又有专长，在判词中赋诗作词，可能就是下意识、情不自禁的事情，这就使得原本权威、严肃、严谨，甚至冗长难懂的文字，不乏幽默诙谐、妙趣横生、文采飞扬，关于事理情法的阐述又含有诗情画意，让人爱看好懂、乐于接受。

其中有的官吏还像张咏一样，钟情于四言诗，往往一则判词就是四句四言诗，一共 16 个字，就了结一起案件。这或许是因为中国第一部诗歌总集《诗经》中，基本上都是四言诗，它是中国传统诗歌的最早的一种体裁，四字一顿、节奏鲜明、简单明快、朗朗上口，又给人一种古朴庄重之感；也可能是因为四言诗句无定数，押韵较为随意，既可换韵又可隔联押韵，节奏也不要求特整齐，就是写成了"打油诗""顺口溜"也无妨。典籍中四言诗的判词真是不少见。

《宋史》卷二百六十二《张锡传》载，早在五代梁朝末年，担任棣州军事判官的张锡就写过这样一则判词。他不畏强权，专务爱民，以清节闻名。当时有一牙将，主管曲务，即负责酿酒和造曲，恣意横行。有民私酿曲三斤，这个牙将非欲置其于死地，连刺史刘君铎出面都不能救下那名造曲者。后来这名牙将盗窃百斛麦子私自造曲，事发被拘，张锡判曰："曲犯三斤，求生不克，麦盗百斛，免死诚难。"虽有些郡吏都来乞求免牙将死罪，但张锡不允，硬是将那名牙将处死。

明代冯梦龙的《智囊全集》卷十二《识断》中，也记载了两则这类的判词。一则是，南昌有位祝知府，清正廉洁，判案常以四言诗来了结。宁王府朱宸濠养有一只鹤，为皇帝所赐。一日，宁府的仆役带鹤上街游逛，被一老百姓家里的狗给咬伤了。狗的主人吓坏了，连忙跪地求饶，周围的百姓也为之讲情。但那位仆役不理众人，硬是拉着狗的主人到府衙告状，称："鹤系金牌，系出御赐。"意思是要知府重判此人以媚宁府。祝知府接状问明缘由，挥笔判曰："鹤带金牌，犬不识字；禽兽相伤，岂干人事？"判词入情入理，堪称绝妙，仆役无言以对，只得作罢。狗主人被当堂释放。

另一则是，一年仲春，农村两户农民的牛顶在了一起，一头牛被顶死，一头牛受伤。两家主人为此大吵大闹，当地的县令难断此案。这时恰好祝知府大人察访民情路经此地，两家牛主便拦路告状。祝知府问明情况，当即判道："两牛相争，一死一生；死者同享，生者同耕。"双方一听，觉得合情合理，于是争端平息，两户人家因共吃一头死牛肉，共用一头活牛耕地，来往反而比以前更亲密了。

清代的樊增祥，号樊山，是光绪年间的进士，先后任过陕西宜川、长安、渭南等多地的知县，清末官至江宁布政使，署理两江总督，同时也是著名的诗人，"生平以诗为茶饭，无日不作，无地不作"，诗稿多达3万首。在《批李玉魁呈词》中，樊大人也只写了一首四言打油诗："外甥打舅，拔发一绺。如此横虫，能不提究？"全部判文仅此16个字，就了结一起案件，严惩了无赖行凶者。

应该说，文章贵短，短文难写，"四言诗"式的短判词，就更加难写了。上述几则判词，哲理与形象生动结合，思想与文采搭配绝妙，寓意深刻，回味无穷，读后令人难忘，也是一种艺术享受。中华文化真是博大精深，身为国人，文化自信的底气满满！

武侯"文章似楚辞"

诸葛亮一生戎马倥偬，在繁忙紧张的政治与军事斗争中，写下了大量的文章。据清代学者张澍辑录，诸葛亮留存下来的文章约有200篇，其中包括对策、诏、表、书、教、军令、兵要、铭、记、将苑等。这些作品虽然都是应用性文章，不是纯文学性作品，但都是诸葛亮一生思想言论的精华，具有很高的文学价值。

以《离骚》为代表的楚辞，开创了浪漫主义文学的篇章，对中国文化系统具有非常重要的意义。若谁的文章能被比之于楚辞，应该说是对其文章的文学价值的最高赞美！鲁迅就曾以"史家之绝唱，无韵之离骚"来夸赞《史记》。明代吴之皞，曾任四川巡抚御史，他在《谒武侯祠》中写道："古今多将相，谁者是吾师。意气如公旦，文章似楚辞。"应该说，"文章似楚辞"这句话，是对诸葛亮的《出师表》《隆中对》《诫子书》等不朽名篇的文学价值和艺术魅力的恰当评价。

纵观史上诸多对诸葛亮文章的赞美与评说，似可概括为以下四个方面，一是言听对等、古朴真率、细致入微、不惜琐碎。诸葛亮不是纯粹的文人雅士，自跟随刘备特别是接受托孤以来，他大权独揽，兼有繁重的将相之责，所写的文章都是形势所需、任务所迫，是要让上自天子、下至士卒及普通民众读得进去、看得明白，进而照着去做的，因此呈现出许多独有的特点。

最早揭示出这一点的是《三国志》的作者陈寿。《诸葛亮传》载："论者或怪亮文采不艳，而过于丁宁周至。臣愚以为咎繇大贤也，周公圣人也，考之《尚书》，咎繇之谟略而雅，周公之诰烦而悉。何则？咎繇与舜、禹共谈，周公与群下矢誓故也。亮所与言，尽众人凡士，故其文指不得及远也。然其声教遗言，皆经事综物，公诚之心，形于文墨，足以知其人之意理，而有补于当世。"即有评论者认为诸葛亮文辞华彩不够，叮咛嘱咐得过于细致周到。陈寿则认为，皋陶是大贤人，周公是大圣人，但考察《尚书》所载文字，其中"皋陶谟"中皋陶之言简略典雅，"大诰"中周公之文繁复详尽。为什么他们也不一致呢？因为皋陶在与舜、禹一起交谈，周公在同下属们一起盟誓。诸葛亮所谈话的对象，都是普通的士兵百姓，给他们交代任务，所以要讲得细碎一些，也不必太注意文采，更不能讲得过于深奥。然而他的著作文章，都是他亲身经历之事或亲手处理事务的经验之谈，其开诚布公之心跃然纸上，全表现在了文章里，从中足以了解他这个人的思想见解，而且对现今也有补益。

《晋书·李密传》也有类似的记载："或（司空张华）曰：'孔明言教何碎？'密曰：'昔舜、禹、皋陶相与语，故得简雅；《大诰》与凡人言，宜碎。孔明与言者无己敌，言教是以碎耳。'

华善之。"即晋朝司空张华问李密："孔明的规劝提醒的话为什么那么琐碎？"李密说："过去舜、禹、皋陶在一起谈话，所以能够做到简洁高雅；《大诰》是说给普通人听的，就具体琐碎一点儿。孔明和对话的人水平不相等，他的言论教导因此具体琐碎。"张华认为他说得对。

明代诗人姚绶也持有此看法，他在《武侯出师表》中写道："王业偏安日，文章尔独醇。谆谆似《伊训》，初志亦耕莘。"即诸葛亮的文章纯正纯粹，其恳切教导与耐心告诫的话语，如同开国老臣伊尹写给商代第四任帝王太甲的《伊训》一样。

南朝梁文学理论批评家刘勰在《文心雕龙·诏策第十九》中，更是认为正是由于诸葛亮文章的"详约"，才出现"言出而民效"的结果，结论是："教者，效也，言出而民效也。""若诸葛孔明之详约……并理得而辞中，教之善也。"

时至今日，再没见有人拿"琐碎细致"来诟病诸葛亮的文章了。

二是文之至者、生于天然、自然流畅、无一瑕疵。《出师表》整篇文章思想观点鲜明，论理叙事逻辑性强，精辟透彻。语言朴实真切，自然流畅，浑然一体，委婉感人。在写作方法和风格上，继承和吸取了楚辞与汉赋的优秀传统，在以散文化的说理叙事为主的同时，间用排比对偶的句式。特别善用四字句，流畅练达，简洁有力。用韵自然，不露痕迹，读起来抑扬谐和，既严谨庄重又富有变化，具有一种"清峻、通脱、华丽、壮大"的风度。

刘勰在《文心雕龙·章表》中称《出师表》"志尽文畅，

表之英也"。在《文心雕龙·情采》中称《后出师表》"情者文之经，辞者理之纬；经正而后纬成，理定而后辞畅；此立文之本源也"。

明代张燧所著的《千百年眼》是一部史论随笔的合集。书中称："孔明，三代之佐也，而与留侯、梁公、范文正俱为殊绝人物。二表，三代之文也，而与《陈情》《酒德》《归去来》俱为第一文章，信笃论乎！'伯仲之间见伊吕，指挥若定失萧曹。'可与言孔明者，杜氏而已。'大哉言也！《伊训》《说命》相表里。'可与言二表者，苏氏而已。"

近现代学者刘永济在《文心雕龙校释》中写道："《出师表》首言国事危急，使后主自知负荷之重；中间痛恨桓、灵，以为倾颓之鉴；反复喻令自谋，以警其昏庸。情真词挚，故曰'志尽文畅'。"并说："《出师表》风力遒上，古意未漓……以为楷式也。"

北宋著名史学家司马光在编撰《资治通鉴》，南宋著名学者朱熹在编纂《资治通鉴纲目》时，对旧史中之表章、奏议，无不大加删汰，独对《出师表》一文全文照录。

近代学者王缁尘先生指出："出师之表，懔烈千古，二千数百年历史中，欲求其二，而亦不可得。……盖文之至者，用字措句，均不可移易，亦如宋玉之赋美人：'增之一分则太长，减之一分则太短，施朱则太赤，敷粉则太白。'美文美人，皆生于天然，非人之工力所能随便加饰也。……而对于《出师表》之慷慨激昂，复兼以缠绵悱恻，且句练字适，无一瑕疵，心爱之极，不能割舍。"

三是言出肺腑、情真意切、委婉感人、字字涕泪。南宋赵与时，官至丽水丞，著有《宾退录》十卷，书中称："读诸葛孔明《出师表》而不堕泪者，其人必不忠。读李令伯《陈情表》而不堕泪者，其人必不孝。读韩退之《祭十二郎文》而不堕泪者，其人必不友。青山城隐士安子顺云。"即读诸葛亮写给刘禅的《出师表》而不流泪的，都不是忠臣。读晋朝李密写给晋武帝司马炎的《陈情表》而不流泪的，都不是孝子。读唐朝的韩愈为悼念他的侄子韩老成所写的《祭十二郎文》而不流泪的，都不懂友爱。南宋文人、隐士安子顺就这样说过。

清代于光华编撰的《文选集评》中，称出师表"忠义自肺腑流出，古朴真率，字字滴泪，与日月争光"。

唐代著名诗人白居易在读《出师表》后写道："前后出师遗表在，令人一览泪沾襟。"

南宋绍兴八年（1138），爱国名将岳飞领兵北上，经过南阳，谒武侯祠，遇雨遂宿在祠堂，秉烛读壁上石刻《出师表》时，"不觉泪下如雨，是夜竟不成眠，坐以待旦"。于是挥涕走笔，书写《前后出师表》。足见《出师表》感人至深。

南宋末年爱国诗人文天祥，被元军俘虏后，在《怀孔明》一诗中写道："斜谷事不济，将星陨营中。至今《出师表》，读之泪沾胸。汉贼明大义，赤心贯苍穹。"

明代李晔，曾任国子助教，其《五言古诗凡十四首·其十三》中写道："拳拳《出师表》，读之涕盈襟。"

明代唐文凤，曾任兴国县知县，他在《诸葛孔明》一诗中写道："袖中《出师表》，快读涕泪垂。"

明代画家沈周，写有《读〈出师表〉》："两篇忠告慷慨辞，字字中间有涕洟。"

四是观点鲜明、逻辑性强、精辟透彻、语言简洁。诸葛亮的其他一些文章，也大都具有与《出师表》相似的特色。如人们熟知的《隆中对》《诫外甥书》《诫子书》《又诫子书》等名篇，都写得十分简练精纯，而析理论事又周密严谨，层层剖析，步步深入，有很强的吸引力和说服力。

　　苏轼称："诸葛孔明不以文章自名，而开物成务之姿，综练名实之意，自见于言语。至《出师表》，简而尽，直而不肆，大哉言乎，与《伊训》《说命》相表里，非秦汉以来以事君为悦者所能至也。"即诸葛亮不凭借文章成就自己的名气，但通达事物、成就事业的情况，探究名分实务的意蕴，自然从言语中显现出来。到了写作《出师表》时，语言简明而完善，直接而不直白，真是伟大的言论啊，《出师表》与《尚书》中的《伊训》《说命》相互呼应，互为表里，不是秦汉以事君作为乐趣的人所能达到的。

　　王夫之在《读通鉴论》中称："武侯之言曰：'淡泊可以明志。'诚淡泊矣，可以质鬼神，可以信君父，可以对僚友，可以示百姓，无待建鼓以迸鸣矣。"即感慨孔明《诫子书》遗言，大公之心，恰如大象无形，大音希声。

　　曾国藩在《曾文正公全集》中称："《出师表》故知不朽之文，必自襟度远大思虑精微始也。"

　　南怀瑾称："我几十年提倡诸葛亮的《诫子书》，诸葛亮一生的学问就在其中，每个中国读书人都应该毕生学习这 86 个字。"他认为诸葛亮的千古名言"淡泊明志，宁静致远"值得人终生学习，指出只有先肯淡泊，而又甘于淡泊，甚至享受淡泊，做到孔子所讲的"不义而富且贵，于我如浮云"，才能到达宁静的境界。

现代诗人郭沫若先生于 1964 年游隆中武侯祠时写了楹联："志见出师表，好为梁父吟。"在这里，郭沫若明确地指出，诸葛亮的理想、志向、抱负，全都体现在这"一吟一表"上了。乍看起来，身为文学家和史学家的郭老写下的这副对联似乎有些简单，其实郭老这样写是有所指的，因为曾经有人评论说，诸葛亮功业虽高，诗文水平却低。郭老不同意这个观点，曾说："如武侯终身隐居，致力于诗，谅亦不逊于陶令也。"他之所以写这个对子，就是要肯定诸葛亮的文采。

现代学者白亦奠先生在《诸葛亮〈诫子书〉评析》一文中写道："短短 86 字，概括了古代先哲之至理，是修身养性的准则，开家教训导之先声，为处世治国之根本，有包孕宇内之气，亘乎天地之道，实为千古绝唱。"

正因为诸葛亮的文章如此精彩，清雍正二年（1724）诸葛亮被选进了文庙。入选文庙的标准是道德文章与经世功勋并重，其文学成就不被历代所推崇是绝进入不了文庙的。更加值得一提的是，早在唐代建立武庙之初，诸葛亮就被选进了武庙十哲之列，其"鞠躬尽瘁，死而后已"的精神更是成为后世仁人志士心中的不朽丰碑，代代传承。

武侯文章永流传

千百年来，诸葛武侯的文章一直为人们所传承传颂着，人们每每读起诸葛亮的文章，都能感受到其中蕴含的巨大力量！

集诸葛亮文章之大成者，当首推晋代陈寿，他在《三国志·诸葛亮传》中称，朝廷让他整理编定诸葛亮的著作，删去重复，合并同类，总共编定二十四篇，篇目如下："诸葛氏集目录，开府作牧第一，权制第二，南征第三，北出第四，计算第五，训厉第六，综核上第七，综核下第八，杂言上第九，杂言下第十，贵和第十一，兵要第十二，传远第十三，与孙权书第十四，与诸葛书第十五，与孟达书第十六，废李平第十七，法检上第十八，法检下第十九，科令上第二十，科令下第二十一，军令上第二十二，军令中第二十三，军令下第二十四，以上共有二十四篇，十万四千一百一十二字。"

陈寿所列的上述篇目中，如"计算""兵要""军令""科令"等，显然不只是一篇篇文章，而可能是一部部的军事著作，只可惜这些著作大多已亡佚。但从后世史书记载来看，诸葛亮的文章与著作，还是有很多都得以流传下来了。

南北朝时期的史书均无"经籍志"，因此也没有关于诸葛亮著作的记载，而《隋书》记载得就比较多了，如诸葛亮《诸葛武侯诫》一卷，《女诫》一卷；蜀丞相《诸葛亮集》二十五卷；梁有《诸葛亮兵法》五卷（注：在南朝萧梁时还流传于世）；《诸葛武侯集诫》二卷。这些书籍都是《隋书》"经籍三、四卷"所记载的。

再以后的《新唐书》《宋史》中记载得就更多了。《新唐书》艺文二、四载诸葛亮《集诫》二卷；《诸葛传》五卷；诸葛亮《贞洁记》一卷；诸葛亮《论前汉事》一卷；《诸葛亮集》二十四卷。《宋史》艺文二、四、六、七载张栻《诸葛武侯传》一卷；诸葛亮《武侯十六条》一卷；诸葛亮《将苑》一卷，《兵书手诀》一卷，《文武奇编》一卷，《武侯八阵图》一卷；诸葛亮《行兵法》五卷，《用兵法》一卷，《行军指掌》二卷，《占风云气图》一卷，《兵书》七卷；《诸葛亮集》十四卷。《太平御览》中也载有不少诸葛亮文章的片段。

明、清两代更有多人辑录诸葛亮的文章。如《明史》艺文二载杨时伟《诸葛武侯全书》十卷；《清史稿》艺文二载张澍《诸葛忠武故事》五卷，清代严可均《全三国文》共辑录诸葛亮文章86篇。乾隆皇帝还亲自撰写《蜀汉兴亡论》，对诸葛亮推崇备至，强调"贤人为国家之宝"，而诸葛亮便正是这样能决定国家兴衰的贤能之士。

今人以清代张澍《诸葛忠武侯文集》为依托，于1960年由中华书局编辑出版《诸葛亮集》，共辑录诸葛亮文章100多篇，以文体分类编排，且把《将苑》也纳入其中。而清代有学者认为《将苑》非诸葛亮所著。齐鲁书社于1997年9月出版的《诸葛亮研究集成》，共收集诸葛亮文章122篇，全部按时间顺序编排，比清代张澍的版本增加11篇，另附录14篇增补篇目是否诸葛亮所著有所存疑，如《梁父吟》《后出师表》《便宜十六策》《将苑》等。

以诸葛亮《出师表》《诫子书》为代表的文章，以"鞠躬尽瘁，死而后已""淡泊明志，宁静致远"为代表的名言，不仅是他个人智慧和才能的体现，更是对中华传统文化和价值观的传承和发展，可以说概括了古代先哲之至理，是修身养性之准则，居家教导之先声，处世治国之根本。诸葛亮的文章必将永久流传下去，必将激励一代又一代的中华儿女朝着理想，去拼搏，去奋斗！

诸葛亮与"四友"的读书情志

诸葛亮在卧龙岗耕读的十几年里，一直都与崔钧（字州平）、石韬（字广元）、孟建（字公威）、徐庶（字元直）等人为友。时人称崔等四人为"诸葛四友"。其中，崔州平曾任虎贲中郎将、西河太守，参加过讨伐董卓，后隐居于荆襄之地，年龄应该比诸葛亮大许多。另外三人同诸葛亮一样，都是因躲避战乱而来到荆襄，大致与诸葛亮年龄相仿，正所谓韶华时光，书生意气。他们几个人一同耕读，一同国议，又一同游历，结下了深厚友情，留下了不少有趣的故事。

《三国志·诸葛亮传》载："（诸葛亮）身长八尺，每自比于管仲、乐毅，时人莫之许也。惟博陵崔州平、颍川徐庶元直，与亮友善，谓为信然。"管仲长于内政，乐毅长于军事，而诸葛亮常常自比管仲、乐毅，说白了就是认为自己治国理政、领兵作战全行。当时周围的人，大都不认同诸葛亮这个小青年的这种比法，只有崔州平与徐元直认为确实如此。

诸葛亮直到与"四友"分别二三十年以后，还常常怀念和提起与这几人的真诚友谊。《董和传》载，诸葛亮曾在两次教令中提到崔州平、徐元直对自己的帮助："夫参署者，集众思，广忠益也。""然人心苦不能尽，惟徐元直处兹不惑。""苟能慕元直之十一，幼宰（董和）之殷勤，有忠于国，则亮可少过矣。""昔初交州平，屡闻得失；后交元直，勤见启诲。"即集思广益须众人参与。然而有人却做不到尽情表达，只有徐元直能处此而不惑，敢说敢当。众人如能做到徐元直的十分之一，像董和那样勤勤恳恳，为国尽忠，那诸葛亮的过失就会少多了！诸葛亮过去与崔州平交往，屡次听到崔州平指出他做事的得失，后来与徐元直相交，也总是受到好友的启发和指教。

然而诸葛亮与"四友"的读书学习方法却大不相同，《三国志》有段记载，很有意思。《魏略》曰："亮在荆州，以建安初与颍川石广元、徐元直，汝南孟公威等俱游学，三人务于精熟，而亮独观其大略。每晨夜从容，常抱膝长啸，而谓三人曰：'卿三人仕进，可至刺史、郡守也。'三人问其所至，亮但笑而不言。"即诸葛亮与石广元、徐元直、孟公威一同游学，石、孟、徐三人求学皆务要精读熟记，只有诸葛亮不局限于对具体问题的钻研，而是只看大的方略，抓住关键、掌握要点。每至晨夜闲时，常抱膝抚琴，吟诵《梁父吟》。诸葛亮还对三人说："你们三人入仕官位可至刺史、郡守。"三人反问诸葛亮能官至何位，他只笑而不说。

徐元直等人"务于精熟"的读书方法，无非就是对书本中的一字一句都要搞得清清楚楚、明明白白，不把一部书弄个滚瓜烂熟便不算完。其实书本，尤其是教科书，不论古今，都是按照循序渐进的原则所编排，大部分内容是作为辅助知识而存在的，如对其一字一句都搞得清清楚楚，易出现一叶障目的情况，有时反而难以把握书中的重点和核心，虽然可能在某一科目上能学得很精很透，却难以抓住书中的要义。尽管如此，"务于精熟"仍不失为读书学习的一种好方法。

而诸葛亮"观其大略"的读书方法，到底是个什么样子呢？观其大略，绝不是看看大概，只求广博而已。"大略"的"大"是层次高远，"略"为战略、策略、方略之简称。"观其大略"的本意，应是站在很高的层次上，去寻求、观察和研究书本中蕴藏着的深远的战略、策略、方略方面的内容。通俗地讲就是透过现象看本质，站在更高的层次来获取知识，并对其进行分类筛选和归纳总结，去伪存真、由表及里，从中抓住核心所在、规律所在、重点所在。这固然可以算作一种读书方法，但更多的是体现着一种志存高远、襟怀天下的志向以及由此而派生出来的读书旨趣，因为它具有明确而强烈的指向，需要宽广的视野、严密的论证和精细的推敲，既可以是精读，也可以是泛读，更多的则是研读。

诸葛亮《诫子书》载："夫学须静也，才须学也，非学无以广才，非志无以成学。"这段话就是他的精辟的读书见解。正是胸怀大志、勤奋读书及擅长总结和撷取书中的要义与精华，领会精神实质，而没有钻进书堆、死记硬背，才使得诸葛亮得到的知识，在广博和精深上远远超过了他人，为日后的担当奠定了既坚实又厚重的知识储备，并形成与具备了常人无法企及的大格局、大气度。清代王萦绪《诸葛忠武侯集》载："武侯独观大略，正善于读书，故能得到帝王圣贤之真传也。"

诸葛亮的《论诸子》一文，最能体现他读书"观其大略"的风采，展示出广采博长、避其短缺的大气。"老子长于养性，不可以临危难。商鞅长于理法，不可以从教化。苏、张长于驰辞，不可以结盟誓。白起长于攻取，不可以广众。子胥长于图敌，不可以谋身。尾生长于守信，不可以应变。王嘉长于遇明君，不可以事暗主。许子将长于明臧否，不可以养人物。此任长之术者也。"即老子擅长修身养性，却不能应对危难局面；商鞅擅长以法理治国，却不能推行道德教化；苏秦、张仪擅长外交辞令，却不能结盟守约；白起擅长攻城夺地，却不能团结多数人；伍子胥擅长以谋破敌，却不能保全自身；尾生（古代传说中坚守信约的人，与女子约于桥下，女子不来，抱柱而死）擅长守信用，却不能随机应变；王嘉（汉哀帝时任丞相，屡谏哀帝进贤不成绝食而死）擅长知遇明君，却不能侍奉暗主；许劭（东汉人，善知人评人）擅长公正地品评别人的长短，却不能培养人才。这就揭示了用人之长的重要性。

诸葛亮"观其大略"的实践结晶之一，就是著名的"隆中对"，显示了非凡的见识与长远的眼光。一个未出茅庐的青年才俊，在刘备三顾茅庐时，就能向其提出兴复汉室、谋取天下的战略策划书，清晰地判明未来四五十年的天下大势，何等了得！其后三国的发展走向，可以说完全是"隆中对"的逐步兑现而已。

诸葛亮的"四友"，除崔州平一直隐居外，石广元、徐元直、孟公威都先后去了曹魏集团，分别官至典农校尉、郡守；右中郎将、御史中丞；凉州刺史、征东将军。建兴六年（228），诸葛亮率军北伐，听闻徐元直与石广元官职都不太高，感叹道："难道是魏国的谋士太多了吗？为什么不重用徐、石两人呢？"替他俩遗憾、抱屈。诸葛亮率军再出祁山时，曾在回复司马懿的信中，希望司马懿请部将杜袭替他向孟公威致意。此三人在曹魏阵营没有得到重用，原因可能是曹魏的官员被门阀士族所把持，另外可能真就如诸葛亮所说，他们几人之才，也就仅限于当个郡守、刺史罢了。

《晋书》中的武侯"八阵图"

所谓八阵图，从字面上理解，其中的"阵"就是阵法，"图"是规模的意思，八阵图就是由八种阵法组成的综合阵法。后人有的将其解释为大阵包小阵，大营包小营，不断变换车阵与队形，进攻与退守自如，使敌方难以掌握和应对，是诸葛亮吸取前人成果，尤其是道家八卦的排列组合，兼容了天文地理常识，推演兵法而创设的一种神秘阵法。也有人说，八阵图，一言以蔽之，就是有秩序地指挥军队作战。最早在陈寿《三国志·诸葛亮传》中有简短记载："推演兵法，作八阵图，咸得其要云。"另在陈寿所辑《诸葛氏集》二十四篇中，可能记载较为详尽，但由于这些文章大多失传，后人对八阵图的详情已不得而知。

蜀亡后，晋代官方大力推崇和继承八阵图，晋武帝司马炎命将领研习诸葛亮的八阵图。这可能是因为有众多八阵图的资料尚在，包括诸葛亮对八阵图的详尽著述；也可能是在多年抗击蜀军攻击时，吃尽了八阵图的苦头，深知八阵图的厉害。《晋书·职官传》载："陈勰为文帝所待，特有才用，明解军令。

帝为晋王，委任使典兵事。及蜀破后，令勰受诸葛亮围阵用兵倚伏之法，又甲乙校标识之制，勰悉暗练之，遂以勰为殿中典兵中郎将，迁将军。"即晋武帝司马炎让陈勰学习诸葛亮围阵用兵倚伏的方法以及甲乙校标识的规则，陈勰全部掌握了，于是任命其为殿中典兵中郎将，升为将军。在这里，虽然没有明确写明学的是八阵图，但因八阵图中确有由依存隐伏的围阵，变为凶悍无比的杀阵的内容，所以可以推测，陈勰学的就是诸葛亮的八阵图，他也应该是诸葛亮八阵图最早的传人。

不仅如此，史上最先继承和运用八阵图打仗的成功战例也发生在晋代。据《晋书》卷一百二十六记载，秃发树机能于泰始六年（270）杀秦州刺史胡烈，败凉州刺史苏愉，尽占凉州之地。"武帝为之旰食（愁得不能按时吃饭）。后为马隆所败，部下杀之以降。"《晋书·马隆传》记载，泰始年间（265—274），马隆被任命为武威太守，奉命出征平凉州之乱。马隆招募3000名能拉开36钧强弩的勇士，"（马隆）依八阵图作偏厢车，地广则鹿角车营，路狭则为木屋施于车上，且战且前，弓矢所及，应弦而倒。奇谋间发，出敌不意。""贼咸以为神。""转战千里，杀敌以千数。"即马隆依据八阵图制作了偏厢车，以车结阵，以车为营，进入开阔地域时，就设置鹿角车营，遇到狭路地段，就做木屋装在车上，一边战斗一边前进，晋军以车为屏障，猛射敌众，箭矢所射之处，羌兵纷纷应声倒下。晋军以八阵图转战千里之遥，杀敌数以千计。羌部首领纷纷归降，最终斩杀秃发树机能，平定了凉州。

所谓偏厢车，已经失传。后人有的认为，大概是车的一侧有厢，另一侧无厢，前面是盾牌一般的硬板，人可以藏在车后面，推着车进攻。防守时就将车子结阵，变成一个简易的营帐。在1100多年以后，典籍中又出现了关于偏厢车的记载。《明史·兵志四》载："景泰元年（1450），定襄伯郭登请仿古制为偏厢车。辕长丈三尺，阔九尺，高七尺五寸，厢用薄板，置铳（火器）。出则左右相连，前后相接，钩环牵互。车载衣粮、器械并鹿角二。屯处，十五步外设为藩。每车枪炮、弓弩、刀牌甲士共十人，无事轮番推挽。外以长车二十，载大小将军铳，每方五辆，转输樵采，皆在围中。又以四轮车一，列五色旗，视敌指挥。"上述事例说明，偏厢车应是八阵图战法中的重要工具与载体，也可能是后人对诸葛亮八阵图的继承与创新吧。

另外，永兴二年（305），西晋镇南将军刘弘曾在观游诸葛亮故宅时，令李兴立碑撰文赞扬诸葛亮的功业，这也是史上首篇祭祀武侯的碑文，其中亦提到"推子八阵，不在孙、吴"。即诸葛亮推演八阵图战阵，不在春秋时期兵家至圣孙武和战国初期历仕鲁、魏、楚三国的兵家代表人物吴起之下。

最早题咏诸葛亮八阵图的诗篇，是东晋大将桓温所作的《八阵图》："访古识其真，寻源爱往迹。恐君遗事节，聊下南山石。"大意是，恐怕后世忘掉八阵图，特意垒石为记，抒发了对八阵图的爱怜之情，并宣扬诸葛亮的昭昭之功。这首诗是永和二年（346）桓温伐蜀，路经白帝城（今重庆奉节县）时所作。桓温慕名凭吊八阵图遗迹，为弄清八阵图的奥秘，特地驻扎下来仔细探究。《晋书·桓温传》载："永和二年（346）初，诸葛亮造八阵图于鱼复平沙之上，垒石为八行，行相去二丈。温见之，谓'此常山蛇势也'。文武皆莫能识之。"

桓温所见到的八阵图石垒，南北朝北魏时期的郦道元在《水经注》卷三十三《江水》中有清晰的记载："江水又东迳诸葛亮图垒南，石碛（浅水中的砂石）平旷，望兼川陆，有亮所造八阵图，东跨故垒，皆累细石为之。自垒西去，聚石八行，行间相去二丈，因曰：'八阵既成，自今行师，庶不覆败。'皆图兵势行藏之权，自后深识者所不能了。今夏水漂荡，岁月消损，高处可二三尺，下处磨减殆尽。"

自晋代桓温以来至清末，诗人们纷纷吟咏诸葛亮的八阵图，为其作诗大约有 30 首之多，其中名篇频出，如杜甫的《八阵图》："功盖三分国，名成八阵图。江流石不转，遗恨失吞吴。"多数均是写的桓温当年所见到的八阵图遗址，无论是描绘震撼的巨阵、水陆的美景，还是由此进入全面夸赞孔明的功绩，都值得一读。

八阵图作为三国历史中的一个亮点，由晋代开端，时至今日，人们对它的神奇与功力，仍旧兴趣盎然，仍在研究探讨，仅在八阵图遗址的奉节县鱼复浦，全国八阵图学术研讨会就召开了多次，但遗憾的是至今尚未有人知道当年诸葛亮是如何演阵的。相信，人们终会弄清楚八阵图的本来面貌，更重要的是能从不断的研讨中，获得八阵图中所蕴含的聪明与智慧及创新精神！

诗人争咏"梁父吟"

　　《三国志·诸葛亮传》中有一句话，说诸葛亮"好为梁父吟"。所谓"梁父吟"，也称"梁甫吟"，系古乐府曲调，歌词是："步出齐东门，遥望荡阴里。里中有三坟，累累正相似。问是谁家冢？田疆古冶子。力能排南山，文能绝地理。一朝被谗言，二桃杀三士。谁能为此谋？国相齐晏子。"大意是，缓步走出临淄城的城门，遥望萧瑟死寂的荡阴里。那里有三座坟墓紧相连，形状、大小都非常的相似。请问这里是谁家的墓地？田开疆、古冶子和公孙氏，他们的力气能推倒南山，又能截断系大地的绳子。不料他们一朝遭到谗言，两个小桃竟杀死三个勇士。谁能够设想出这个奇计？他就是齐国的宰相晏子。《乐府诗集》卷四十一载有此歌词，还注明是诸葛亮所写。但学术界对此尚存争议。不管此歌为谁所作，诸葛亮喜欢吟诵它却是事实。

　　可以想象，诸葛亮在耕作与读书之余，在草庐中盘足抚琴，弹奏《梁父吟》，琴声浑厚，意境深远，寄托着对琅琊故乡的深深怀念，既惋惜壮士死于不懂淡泊之道，又羡慕晏子为相的智慧与权谋，更加激发了他对国家命运的关注，探寻安邦经世之策的心情越发迫切。正因为如此，在三国以后的各朝各代，"梁父吟"就成了诸葛亮的代名词，文人墨客以"梁父吟"为题或诗句的诗词实在是太多了，或歌颂诸葛亮虽躬耕田垄，但志向远大、报国为民的情怀；或赞美诸葛亮与刘备的君臣鱼水之情；或为诸葛亮出师未捷、壮志未酬而深表惋惜；或抒发自己急于让明君赏识，入仕立功建业的心情；或一泄怀才不遇，走投无路，报国不能的郁闷心境，读起来让人感慨不已。

先说说南北朝的庾信，他的《卧疾穷愁诗》一诗，虽以隐士自居，但也常常流露出一种忧患意识，隐含着诗人渴望建立功业的思想。诗中写道："讵知长抱膝，独为梁父吟。"即怎料得以手抱膝而坐，只能独自咏诵《梁父吟》。

再说说唐代的几位诗人。李白在《梁甫吟》一诗中，把"梁父吟"理解为暂时韬光养晦之意，等待时机成熟就可以鲲鹏展翅，抒写了遭受挫折以后的痛苦和对理想的期待。诗中写道："长啸梁甫吟，何时见阳春？"即《梁父吟》啊《梁父吟》，自从诸葛亮高歌唱响以来，多少志士吟诵过你，何日能遇到明主，从埋没中得到重用，从压抑中得以施展抱负？杜甫的《登楼》一诗，表达了自己对国事维艰、吐蕃入侵局面的担忧，表达了忧伤国无诸葛亮这样的人才以及自己空怀济世之心，苦无献身之路。诗中写道："可怜后主还祠庙，日暮聊为梁甫吟。"即可叹刘禅那么昏庸还立庙祠祀，日暮时分我要学诸葛亮聊作《梁甫吟》。这种心境，在杜甫其他引用"梁父吟"的诗中也反映得很充分。《上后园山脚》："志士惜白日，久客藉黄金。敢为苏门啸，庶作梁父吟。"即为因蹉跎不遇，日久赋闲，青春虚度，不能为苏门之长啸，只能聊以《梁父吟》纾解焦虑。《诸葛庙》中写道："忽忆吟梁父，躬耕也未迟。"躬耕未迟，显然也是拿诸葛亮来自比。总之，杜甫在引用"梁父吟"时，往往寄寓了自己的一片幽哀，但始终希望能出仕报国。李商隐路过诸葛亮出兵伐魏、筹划军国大事之地——筹笔驿，写下《筹笔驿》一诗，深情地表达了对诸葛亮不能进取中原的理解与惋惜之情。诗的后四句为："管乐有才真不忝，关张无命欲何如？他年锦里经祠庙，梁父吟成恨有余。"大意是，孔明真不愧有管仲和乐毅的才干，关公、张飞已死他又怎能力挽狂澜？往年我经过锦城时晋谒了武侯祠，曾经吟诵了《梁父吟》为他深表遗憾！

最后说说宋代以后的几位诗人。宋代郑思肖的《二砺》一诗，作者以此诗来勉励自己磨砺志气，心中立下比海还深的誓愿，决不让国家大好河山遭受侵略，永远沉沦。诗中写道："愁里高歌梁父吟，犹如金玉戛商音。"即愁闷时高歌一曲《梁父吟》，像敲金击玉一般发出悲凉的声音。

南宋抗元英雄文天祥的《偶赋》一诗，写在元兵大举入侵，宋军节节败退之际，其忧国忧民的浓浓之情跃然纸上。诗中有这样的句子："苍苍已如此，梁父共谁吟。"即大宋江山已经如此破碎不堪，还有谁来与我共同担负扶其不倒的重任？

元代大儒吴澄，原为南宋人，眼看国家衰败、儒道凋敝，只好赋闲家乡，收徒讲学，还特意在门窗上题词："抱膝梁父吟，浩歌出师表。"明确地指出诸葛亮的理想、志向、抱负，全都体现在这"一吟一表"上了，表示自己取诸葛亮隐居待时之意，怀淡泊明志、宁静致远的胸襟抱负。

明代刘基的《梁甫吟》一诗，列举了大量正反实例，阐述任用贤人则政兴，宠信小人则政衰的道理，深情写道："梁甫吟，悲以凄。岐山竹实日稀少，凤凰憔悴将安栖。"即志士仁人吟诵《梁父吟》，发出悲泣的曲调，感叹岐山竹子日渐稀少，凤凰们将去哪里安身呢？

清代的梁启超在"百日维新"失败后逃亡日本，返回中国后写下《东归感怀》，言辞悲壮，是他亲身投入波澜壮阔的斗争之后发出的由衷感叹，充满忧国忧民之情怀，尽显一代士大夫气象，最后两句"恩仇稠叠盈怀抱，抚髀空为梁父吟"，即多少爱恨情仇重重叠叠填满胸臆，不由得以手拍腿慨叹，空有诸葛亮吟唱《梁父吟》的雄心壮志。

综上所述，"梁父吟"已经成为一种文化符号，提起它就会让人忆起圣贤诸葛亮来，那种出仕前就胸怀为国为民的远大志向，肩负重任后"鞠躬尽瘁，死而后已"的崇高精神，永远是国人们学习与奋斗的榜样。

诸葛亮画像小议

　　千百年来，人们以各种形式缅怀和追思圣贤诸葛亮，记述诸葛亮的专著有很多，赞美忠武侯的诗篇更是数也数不清，诸葛亮的画像和塑像也很普遍，都是对其崇拜和敬仰的一种形式，只可惜唐宋以前的绘画作品都没有保存下来，目前进入中小学课本的只有明代《三才图会》一书中的孔明半身画像，清代南薰殿藏《历代名臣画像》中的诸葛亮立身画像。近日读了清代赵翼的一首诗《石刻汉诸葛忠武侯像赞》，犹如亲身感受到了古时人们对诸葛亮画像的无比喜爱之情。

　　赵翼，清代乾隆时人，官至广州知府，著有《廿二史记》，同时也是著名诗人，与袁枚、蒋士铨并称"乾隆三大家"。《石刻汉诸葛忠武侯像赞》这首诗，载于清朝人潘时彤《昭烈忠武陵庙志》艺文卷五，诗题下注："像为阎立本画，后有王齐贤（南宋丞相王淮的从父）摹本，张南轩赞，朱考亭书，印君鸿纬于嘟城（古为昆山县嘟城，今上海嘉定区），俞氏见之，借摹上石，以广其传，爰为作歌。"不妨摘录其中的十句诗，感受一下诸葛亮画像的庞大粉丝阵容："右相丹青追仿佛，妙手重抚稿频易。南轩作赞考亭书，爱其人者宝其迹。清高既素宗臣容，题拂兼增大儒笔。印君遇之倍珍惜，更仿残缣寿诸石。遂使纶巾羽扇人，一身化作百千亿。"大意是，唐朝中书令、首辅即右相阎立本画诸葛亮像，本是绘画高手竟数次修改易稿。南宋理学家张栻为此画作诗《诸葛武侯像赞》（其中有"遗像有严，瞻者起敬"的诗句），朱熹亲自书写张栻的赞诗，热爱诸葛亮的人都非常喜欢此画此诗此字。诸葛武侯清高肃雅容貌的画像、对其品评褒扬的诗词与文字均出自大儒之手。清代昆山县娄城人印鸿纬（嘉庆年间曾举孝廉方正，《晚晴簃诗汇》录有其诗三首）得到此画倍加珍惜，用双丝细绢临摹诸葛亮画像并刻于寿诸石上，于是使得纶巾羽扇的诸葛武侯画像被人们从石碑上拓印下成千上万张来。赵翼在诗的最后写道"得此庄严供斋阁""惟有清襟师淡泊"，即面对诸葛亮画像，诗人自策自立，要效法诸葛亮淡泊明志、修身立德。

从赵翼的上述诗句中，可以看出，在盛唐，在宋代，乃至在清代，人们对诸葛亮画像的喜爱和追捧是何等的热烈与执着。

其实，关于诸葛亮的画像与雕塑最早见于何时，典籍中没有明确记载。《三国志·诸葛亮传》载，景耀六年（263）春，"诏为亮立庙于沔阳"，说的是现今勉县的武侯祠，也是历史上第一座武侯祠。这是刘禅根据习隆、向充上表而后下诏建的，两人在表中提到周人怀召伯、越王思范蠡，"均铸金以存其像"，也应为诸葛亮"图形立庙"。据此判断，勉县武侯祠中应该有诸葛亮的画像或塑像。但明代以后此祠曾多次大修，现有的诸葛亮雕塑肯定不是原来的模样了。由勉县武侯祠开先河，后世记载诸葛亮画像、雕塑的文字层出不穷。从杜甫《咏怀古迹五首》中的名句

"诸葛大名垂宇宙，宗臣遗像肃清高"，武少仪《诸葛丞相庙》中的"执简焚香入庙门，武侯神像俨如存"来看，唐代成都武侯祠已有诸葛亮塑像。其后，各地陆续兴建的武侯祠庙内均有孔明塑像。从前述赵翼的诗句"右相丹青追仿佛，妙手重抚稿频易"来看，唐代著名画家阎立本，更是精心为诸葛亮画像。宋代苏轼有诗《诸葛武侯画像赞》。有关学者的文章还讲，朱熹曾立孔明木刻像在白鹿山洞内；五代时前蜀画家房从真，画有《诸葛亮引兵渡泸图》；宋末元初人赵孟頫，画有诸葛亮手持如意坐画像；明代杂剧作家朱有燉，画有《孔明读书图》。《宋史·王柏传》载，王柏著作颇丰，并为"四书"标注点校，"柏少慕诸葛亮为人"，将诸葛亮画像雕为石刻像，供奉于书斋。明代画家王圻、王思义父子俩，于1609年出版的百科式画集《三才图会》里就有孔明半身坐像。清代故宫的南薰殿藏有历代名人画像，诸葛亮立身画像就出自历代功臣像轴。由于唐宋以前的诸葛亮画像都未能保存下来，当代中小学课本中的诸葛亮画像，均出自南薰殿本和《三才图会》。而元、明、清的三国故事、平话、演义中，关于诸葛亮的绘画就相当多了。中华人民共和国成立后，诸葛亮画像就更多了。《三国演义》连环画几乎是无人不晓，三国故事的邮票发行了一套又一套。2014年8月28日，中国邮政还专门发行了包括《卧龙出山》和《鞠躬尽瘁》的诸葛亮特种邮票。而影视剧中孔明的英姿，更是早已定格在亿万国人的心中。

喜爱羽扇纶巾的诸葛亮形象，崇拜诸葛亮"鞠躬尽瘁，死而后已"的伟大精神，已深深地融入民族传统、民族文化、民族心理之中，它必将永久地延续下去，伴随中华民族大家庭永生永世！

杨慎与《武侯祠诗》

"滚滚长江东逝水，浪花淘尽英雄。是非成败转头空。青山依旧在，几度夕阳红。白发渔樵江渚上，惯看秋月春风。一壶浊酒喜相逢。古今多少事，都付笑谈中。"

杨慎的这首《临江仙》被用作《三国演义》开篇语，今又被用在电视剧《三国演义》中作为主题曲。可以说，现如今，这首以宏大的历史视角、淡泊超脱的襟怀，审视江山变迁与人生坎坷的力作，简直是无人不知、无人不晓。有人说，这首词是杨慎于嘉靖三年（1524）被押送去云南，经湖北江陵，看见一个渔夫与一个柴夫在江边煮鱼喝酒，谈笑风生，很是感慨而写下的。有人说是嘉靖十七年（1538）杨慎与余承勋（字方池）在四川相聚时所写。无论《临江仙》是杨慎何时所写的，它豪放中有含蓄，高亢中有深沉，既感叹苍凉悲壮，又享受宁静淡泊，从古至今，不知它曾滋润和荡涤了多少人的心田！

杨慎与余承勋可谓一生的挚友。余承勋，正德十二年（1517）的进士，官至翰林院国史修撰，而杨慎是正德六年（1511）的状元，也被授予国史修撰。两人是同僚，是文友，余又是杨的妹夫，可谓书生意气，风华正茂。然而，好景不长，没过几年，杨、余两人的厄运就来了。嘉靖三年（1524），世宗朱厚熜提拔桂萼、张璁为翰林学士，杨慎与余承勋等 36 名同列官员上言反对，称"学术不同，议论亦异"，要求罢斥桂、张两人。帝大怒，杖击杨慎等上奏的大臣。杨慎身受重伤，又被削籍，遣去云南保山戍边。从此，杨慎浪迹天涯，在滇南 30 年，博览群书，著作达 400 余种，被后人辑为《升庵集》。嘉靖三十八年（1559），杨慎在昆明病逝，时年 72 岁。余承勋则被免职，还乡四川青神县，在中岩寺读书著文，并应知县请求，修撰《青神县志》，成书 7 卷。隆庆二年（1568），余承勋得以复官，授太常寺卿。其间，杨慎因父病重返乡，回到四川成都府新都，与余承勋多次相聚，两人谈古论今，相互切磋赠诗，余承勋还为杨慎的新作作序。

杨慎和余承勋同在朝廷任职的时候，曾于正德十三年（1518），一起到南阳武侯祠瞻仰，看见墙壁上的题诗《武侯祠诗》（也称《武侯庙》），还热烈地争论了一番，遂使得后世学者对这首诗的争论也时有发生。

杨慎《升庵诗话》卷六载《武侯祠诗》："正德戊寅，予访余方池编修于武侯祠，见壁间有诗云：'剑江春水绿沄沄，五丈原头日又曛。旧业未能归后主，大星先已落前军。南阳祠宇空秋草，西蜀关山隔暮云。正统不惭传万古，莫将成败论三分。'后有题云：'此诗始终皆武侯事，子美或未过之。'方池不以为然。予曰：'此亦微显阐幽，不随人观场者也，惜不知其名氏。'"

题在壁间的这首诗，不知作者为谁，诗的大意是：诸葛北伐必经的剑江水流湍急，他的殒亡之地五丈原日头昏暗。他意图统一中原未竟，未能将旧业归还给刘禅，他死前有对应的大星已陨落军中。南阳卧龙岗武侯庙徒然生出秋草，四川西部关塞和山脉有雾霭阻隔。不要因为正统不传万古而生惭愧，谈论三国历史不能以成败论英雄。

这既是一首凭吊诗，又是一首咏史诗，向诸葛亮表达了崇敬仰慕之情。首联从诸葛亮在世时活动的重要地点入笔，剑江是诸葛亮率军北伐必经之处，五丈原则是他的殒命之地。这两个极富典型意义的地点，浓缩了诸葛亮由生至死的过程，为的是渲染诸葛亮"鞠躬尽瘁，死而后已"的精神和作者的哀惋之情。颔联直来直去揭示对诸葛亮壮志未酬的哀伤。颈联又掉转笔锋，眼前只有武侯庙里的萧疏秋草，却不见傍晚暮霭阻遮的西蜀关山，用如此凄凉迷茫的景色，烘托对诸葛亮由衷悼念之情。前三联的基调是低沉、抑郁的，而尾联却客观而又公允地为诸葛亮的一生做出了评价：武侯精神传万古，莫以成败论英雄。

杨慎与余承勋就壁间题诗后那句关于"此诗通篇只说诸葛亮之事，杜甫写武侯的诗篇也超不过它"的话题展开讨论，杨慎持同感，而余承勋则不同意此观点。杨慎认为，此诗能从细微之处体现深刻道理，阐发幽隐的情感，还是有别于以往那些写武侯的诗篇的。至于这首诗的作者，历来众说纷纭。明代孙原理《元音》卷十录有此诗，题目为《题南阳诸葛庙》，作者为元代吴漳（字楚望）。按说，明初人辑录元人的诗，应该说可信度较高。清代沈德潜在《明诗别裁集》中说："古来武侯庙诗，以此章为最，情韵声律，无一不合也。"与杨慎的看法一致。当然，更有人认为此评价不妥，称杜甫的《蜀相》，尤其是尾联"出师未捷身先死，长使英雄泪满襟"，无论是艺术性还是感染力都远远超过了这首《武侯祠诗》。

然而，《武侯祠诗》的末句"莫将成败论三分"，着实给人们认识诸葛亮打开了另一扇窗子。在此之前，人们赞颂诸葛亮的众多诗篇中，好像还没有明确提出"不以成败论"之说的。元代诗人萨都剌，官至御史，有《题忠武侯遗像（集古）》一诗，全诗八句都是辑录古人诗中的名句，其中就用了同时代吴漳"莫将成败论三分"这句诗。再往后，这种提法就更多了。晚清王文濡在《历代诗文名篇评注读本》中称《题忠武侯遗像（集古）》"词严义正，一结尤名论不刊"。即此诗言辞精确得当，他人不可更改。是啊！英雄不一定是最后的成功者，但英雄一定是永远活在人们心中的人，是能够激起人们积极向上情绪的人。诸葛亮不是最后的成功者，却是三国至今1700多年来人们心中无比认可的大英雄。

武侯与"诗圣"

　　史上赞美诸葛亮的诗篇大约 800 篇，其中杜甫写下 11 篇，为历代诗人中最多，尤以生命中的最后几年，在夔州（今奉节）创作了多首，许多诗句脍炙人口，尤以"出师未捷身先死，长使英雄泪满襟"为甚，可谓无人不知无人不晓。

　　杜甫出生于官宦世家，从小深受儒家思想影响，渴望建功立业、报效国家。他曾到全国多地漫游多年，其间与李白相遇结为好友，但两次科举均未中，困居长安 10 年，后经多次奔走，才得到右卫率府参军的小官（负责看守兵甲器仗、管理门禁锁钥）。安史之乱后，只身投奔唐肃宗，被授予左拾遗、工部员外郎，即为皇帝提供咨询的官员，世人称杜甫为"杜拾遗""杜工部"皆源于此，但很快又被贬为华州（今华县）司功参军。不久后他弃官而去，定居成都，晚年漂泊在四川、两湖一带。大历五年（770），59 岁的他病死于一条破船上。

　　由于杜甫多年的游历和长期生活在社会底层的经历，再加上仕途屡屡失意，总是怀才不遇，他面对世态炎凉心灰意冷，反映在诗歌创作上则是：抒情时寄情于景，情景交融，形象生动；风格上以沉郁顿挫、忧思悲慨为主；情感上大胆揭露社会矛盾，对人民予以深切同情。具体分析杜甫这 11 首赞颂诸葛亮的诗词，也充分体现了上述特点。

从写作地点和时间上看，写于夔州的最多，又多数写于生命的最后几年间，如《八阵图》《咏怀古迹五首》（其四）、《咏怀古迹五首》（其五）、《武侯庙》《夔州歌十绝句》（其九）、《诸葛庙》《上卿翁请修武侯庙遗像缺落时崔卿权夔州》、《古柏行》《谒先主庙（刘昭烈庙在奉节县东六里）》，共九首；写于成都只有两首，分别是《蜀相》和《登楼》。

从拜谒武侯祠（庙）的次数上看，这十几首诗词反映出杜甫落居成都后做的第一件事大概就是去拜谒武侯祠。《蜀相》就是杜甫看完成都武侯祠的殿宇、塑像，百感交集，发而为诗，想到诸葛亮三顾频烦，两朝开济，一生兴汉，六出祁山，五丈原头，大星陨落，百姓痛哭，诗人自己可能早已泪眼模糊。夔州武侯祠杜甫至少去了三次。此外，八阵图遗址、先主庙等，他也应去了多次。看来拜谒武侯祠成了杜甫晚年最大的精神寄托。

从写作手法上看，写景少于议论，多是一两句用于咏怀古迹，其余都是极有情韵的议论，把怀古与述怀融为一体，浑然不可分，给人以一种此情绵绵，余意未尽之感。如《咏怀古迹五首》（其五），全诗共八句，只有"宗臣遗像肃清高"一句是写祠堂里的诸葛亮遗像，其余全是高妙的议论。如"诸葛大名垂宇宙"，四方为宇，古今为宙，以时空给人以万世不朽的印象。"三分割据纡筹策，万古云霄一羽毛。"突出诸葛亮屈居一隅，百般经世才能只施其一二，雄凤略展一下羽毛而已。"伯仲之间见伊吕，指挥若定失萧曹。"与伊尹、吕尚不相上下，指挥军队作战镇定从容，让萧何、曹参都为之失色，使人如见诸葛亮以其超人的才智与胆略，一扫千军万马的潇洒风度。明代胡应麟对这两句诗评价更高，他在《读杜甫咏怀古迹诗》一文中写道："尹奋乎百世之上，故人无异词；亮崛起三代之后，故家肆臆喙（好多乌鸦嘴随意胡乱评说）。杜工部云'伯仲之间见伊吕'，盖千载论孔明者至是始定。"最后两句："运移汉祚终难复，志决身歼军务劳。"抱恨汉朝"气数"已尽，深切叹息尽管有诸葛亮这样的稀世杰出的丞相，也难以复兴汉朝，反因积劳成疾而死于征途之中，赞颂其生命不息，奋斗不止的高尚品质，叹惋英雄未遂平生之志。又如《谒先主庙（刘昭烈庙在奉节县东六里）》，全诗共三十二句，只中间的八句写庙中景色，前后各十二句全是议论，酣畅淋漓，悲壮激昂，直至英雄落泪，正如此诗最后一句所写的："向来忧国泪，寂寞洒衣巾。"又如《八阵图》，只有四句，除"江流石不转"一句，写八阵图遗迹的石堆虽经大水冲击，却依然如旧的具有神奇色彩的景致外，其余三句则都是议论，特别是最后一句"遗恨失吞吴"，把刘备吞吴失计，破坏了诸葛亮联吴抗曹的战略，使统一大业中途夭折的历史，形容为千古遗恨。《蜀相》属写景较多的，也只有四句，与议论各占全诗的一半。

从抒发的情感上看，全都是写吊古之情，展用世之志。在为诸葛亮惋惜之中，渗透着自己"垂暮无成"的抑郁心境，与赞赏诸葛亮君臣"鱼水关系"相得益彰，抒发自己不能为朝廷理解与重用，难以报效国家的感叹。如《古柏行》，共二十四句，句句写古柏的高洁、高耸与高傲，句句喻诸葛亮身上那些让人敬仰的品格，句句又隐含着对自己才华的内心认可与肯定，最后一句"古来材大难为用"，将这种心绪直白地写了出来。杜甫越到后来，这种心绪越重，几乎渗透到了全部赞美诸葛亮的诗词中去了。"日暮聊为梁甫吟"，只能借以发空怀济世之心，吟诗自遣聊以打发时光而已。

总之，英雄相惜，英雄相比，是杜甫赞颂诸葛亮的所有诗篇的内核。诸葛亮无疑为千古英雄，杜甫曾慷慨激昂以身许国，志在奉献自己的一切，只是不为朝廷所识所用，终身不得施展才能，其一生虽无惊天动地的伟业，亦是英雄之人无疑。后人就有将两人相提并论的，如明代兵部尚书张佳胤在《宿夔门怀孔明子美》中写道："踏迹难忘诸葛阵，野田曾为杜陵耕。""事业文章看二人，风流无限古今情。"况且杜甫眼中的英雄，又绝不单指个人，心念诸葛亮大贤，正是期盼于当世能出现良相大材，以拯救国家，解救民众于苦难之中。读起杜甫赞颂诸葛亮的诗篇，尤其是《蜀相》的最后两句，可以说写出了天下英雄报国无门、有志难伸、有才无命、壮志未酬的心声，言有尽而意无穷。正是诗中这种强烈的情感，让后世的人们无不感慨万千甚至落泪流涕。正如宋代诗人王十朋所写："我来再拜瞻遗像，泪满襟如老杜诗。"唐代王叔文"永贞革新"失败后，吟"出师未捷身先死，长使英雄泪满襟"而潸然泪下。宋代宗泽以二帝被掠蒙尘，忧愤成疾，临终前还叮嘱来看望的诸将"汝等能歼敌，则我死无恨"。诸将走后，独自叹咏"出师未捷身先死，长使英雄泪满襟"，次日，连呼三声"过河"而死。

武侯与放翁

"王师北定中原日，家祭无忘告乃翁。"这是南宋陆游（自号放翁）临终之际，留下的绝笔诗《示儿》中的最后两句。诗人在他的一生中，时时刻刻都以收复中原为念，到他写此诗时，知道有生之年已不能实现这个愿望了，心情沉痛悲怆，但同时又充满信心，寓壮怀于悲痛之中，坚信一定能有北定中原之日。人们敬爱的周恩来总理称：宋诗中，陆游的爱国性很突出，陆游不是为个人而忧伤，他忧的是国家、民族，他是个有骨气的爱国诗人。

陆游出生于两宋之交，成长在偏安的南宋，家庭流离、民族矛盾、国家不幸，给他幼小的心灵带来了不可磨灭的印记。自入仕以来的近 40 年中，他一有机会就呼吁收复中原，实现国家统一，曾八九次建议朝廷发兵北伐，自己还亲赴前线参加过一次抗金战斗；因老是倡导北伐，一直被投降派、主和派排挤压制谗毁，遭罢官、免官 4 次之多，但仍不改收复中原的初衷。终因长期被冷落在后方，寂寞无奈，英雄老去，报国无门，只能以写诗排解苦闷的心情，其间还写了 9 首赞美诸葛亮的诗篇，如《谒汉昭烈惠陵及诸葛公祠宇》："论高常近迁，才大本难用。"《感旧六首》（其五）："登堂拜遗像，千载愧吾颜。"最为著名的就数《书愤》了。

简略回顾陆游一生不惜屡遭罢官，仍渴望北伐的经历，足以感天动地。

绍兴三十二年（1162），宋孝宗任命陆游为枢密院编修官。陆游立马上疏，建议整饬吏治军纪、固守江淮、徐图中原。时宋孝宗在宫中嬉戏取乐，并未予以重视，陆游告知大臣张焘。张焘入宫质问皇上，宋孝宗遂将陆游撵出朝廷，贬为镇江府通判。

隆兴元年（1163），宋孝宗以张浚为都督，主持北伐。陆游致信张浚，建议早定长远之计，勿轻率出兵。

隆兴二年（1164），陆游在镇江又遇张浚，献策出师北伐，张浚赞陆游"志在恢复中原"。"隆兴和议"将签成，陆游上书东西两府，反对议和。宋孝宗大怒，贬陆游为建康府通判。

乾道元年（1165），有人进言说陆游"力说张浚用兵"，朝廷即罢免了陆游的官职。

乾道五年（1169），朝廷征召已赋闲4年的陆游，任为夔州通判。

乾道七年（1171），王炎任四川宣抚使，驻军汉中的南郑，召陆游为幕僚，陆游只身前往南郑幕府任职。南郑是当时抗金的前线，王炎又是抗金的重要人物，主宾意气相投，对抗金前途充满胜利希望。王炎委托陆游草拟驱逐金人、收复中原的战略计划，陆游作《平戎策》，提出"收复中原必须先取长安，取长安必须先取陇右；积蓄粮食、训练士兵，有力量就进攻，没力量就固守"。陆游还常到骆谷口、仙人原、定军山等前方据点和战略要塞巡视，并到与金兵面对面对峙的大散关巡逻。但南宋小朝廷坚决主和，否定了陆游的《平戎策》，王炎被召回都城，陆游也被调到成都任安抚使参议官。陆游感到无比的忧伤。大散关一带的军旅生活，是陆游一生中唯一的一次亲临抗金前线、力图实现爱国之志的戎马生涯，这段生活虽只有8个月，却给他留下了终生难忘的记忆。

淳熙元年（1174），郑闻出任四川宣抚使，陆游大胆上书，建议出师北伐，收复失地，未被采纳。

淳熙二年（1175），范成大任四川制置使，举荐陆游为锦城参议。两人以文会友，成为莫逆之交。南宋主和势力诋毁陆游"不拘礼法"，范成大迫于压力，将陆游免职。

淳熙四年（1177），范成大奉诏还京，陆游送至眉州，恳请范成大回朝后劝皇帝"先取关中次河北，早为神州清虏尘"。

淳熙五年（1178），陆游诗名日盛，受到宋孝宗召见，先后被任命为福州、江西提举常平茶盐公事。后被弹劾"不自检饬、所为多越于规矩"，陆游愤然辞官。

淳熙十三年（1186），陆游闲居山阴5年之后，朝廷重新起用他为严州知州。

淳熙十五年（1188），陆游任满，被朝廷升为军器少监，掌管兵器制造与修缮，再次进入京师。次年宋孝宗禅位于宋光宗，陆游上疏，建议"减轻赋税，惩贪抑豪"，"缮修兵备，搜拔人才"，"力图大计"，以完成北伐恢复中原。

绍熙元年（1190），陆游升为礼部郎中兼实录院检讨官，再次进言宋光宗广开言路、慎独多思。主和派对陆游群起攻之，朝廷最终将其削职罢官。陆游再次离开京师。

嘉泰三年（1203），陆游回到山阴，浙东安抚使兼绍兴知府辛弃疾拜访陆游，二人促膝长谈，共论国事。

嘉泰四年（1204），辛弃疾奉诏入朝，陆游作诗送别，勉励他为国效命，早日实现复国大计。

开禧二年（1206），宋将韩侂胄请宋宁宗下诏，出兵北伐，陆游闻讯，欣喜若狂。

开禧三年（1207），朝廷订下"嘉定和议"，北伐宣告失败。陆游悲痛万分。两年后，陆游忧愤成疾，卧床不起，很快便与世长辞。临终前留下绝笔《示儿》："死去元知万事空，但悲不见九州同。王师北定中原日，家祭无忘告乃翁。"

陆游年轻时就以慷慨报国为己任，把消灭入侵的敌人、收复沦陷的国土当作人生第一要旨，但是他的抗敌理想屡屡受挫。于是，他的大量诗歌既表现了昂扬的斗志，也倾诉了深沉的悲愤之情。

淳熙十三年（1186），陆游被黜居家赋闲 6 年，已六十有一，年龄上时不我待，然而诗人看到山河破碎中原未收，感于世事多艰小人误国，"报国欲死无战场""书生无地效孤忠"，回忆早年驰骋疆场的战斗生活，感叹自己从军报国的理想不能实现，郁愤之情喷薄而出，遂有《书愤》一诗："早岁那知世事艰，中原北望气如山。楼船夜雪瓜洲渡，铁马秋风大散关。塞上长城空自许，镜中衰鬓已先斑。出师一表真名世，千载谁堪伯仲间！"大意是：年轻时就立志北伐中原，哪想到竟然是如此艰难。我常常北望那中原大地，热血沸腾啊！怨气如山啊！记得在瓜洲渡痛击金兵，雪夜里飞奔着楼船战舰。秋风中跨战马纵横驰骋，收复了大散关捷报频传。想当初我自比万里长城，立壮志为祖国扫除边患。到如今垂垂老矣鬓发如霜，盼北伐、盼恢复都成空谈。不由缅怀起诸葛孔明，《出师表》真可谓名不虚传，有谁能像诸葛亮般鞠躬尽瘁，率三军复汉室北定中原！

陆游不仅是诗人，他还以战略家自居，可惜毕生未能施展一二。"切勿轻书生，上马能击贼"（《太息》）、"平生万里心，执戈王前驱"（《夜读兵书》）是他念念不忘的心愿。诗人说自己白白以"塞上长城"自许，如今壮志未酬的苦闷全悬于一个"空"字，大志落空，奋斗落空，一切落空，满是悲怆。"出帅一表真名世，千载谁堪伯仲间！"诗人只能用典明志。诸葛亮坚持北伐，名满天下，无人可与之相提并论，贬斥朝野上下主降的碌碌小人，表明自己恢复中原之志亦将"名世"。诗人在现实里找不到安慰，便将渴求慰藉的灵魂放到未来，一腔郁愤只好倾泻于这无奈之中了。追慕先贤诸葛亮的业绩，表明陆游的爱国热情至老不移，仍旧渴望效法诸葛亮来施展自己的抱负。

武侯与"诗仙"

　　"诗圣"杜甫赞颂诸葛亮的诗篇，可谓数量多、流传广、影响大，诸如"诸葛大名垂宇宙，宗臣遗像肃清高""出师未捷身先死，长使英雄泪满襟"等诗句，无人不知。其实，"诗仙"李白也写了不少有关诸葛亮的诗篇，只是赞美的角度与杜甫有所不同，更多的是羡慕诸葛亮与刘备间的鱼水之情，一心想效法诸葛亮，渴望能得到明主的赏识与重用，干出一番功业来。

　　最能反映李白上述心境的是五言诗《读诸葛武侯传书怀赠长安崔少府叔封昆季》："汉道昔云季，群雄方战争。霸图各未立，割据资豪英。赤伏起颓运，卧龙得孔明。当其南阳时，陇亩躬自耕。鱼水三顾合，风云四海生。武侯立岷蜀，壮志吞咸京。何人先见许，但有崔州平。余亦草间人，颇怀拯物情。晚途值子玉，华发同衰荣。托意在经济，结交为弟兄。毋令管与鲍，千载独知名。"

　　大意是：东汉末年群雄纷起，龙争虎斗。争王图霸之业未立，各自割据称雄。刘备像汉光武帝一样欲挽救颓运的汉朝，得到了卧龙孔明的辅佐。诸葛亮在南阳之时，亲自耕作于陇亩之中。刘备三顾诸葛亮于卧龙岗茅庐，如鱼之得水，叱咤风云于天下。诸葛武侯在川蜀佐助刘备立国，其凌云壮志直吞昔日故都。诸葛亮未显达之时，有博陵的崔州平对他最为赞许。我也是一个布衣之士，胸怀报国忧民之情。在晚年遇到了您二位像崔州平和东汉善交才俊的崔瑗一样的朋友，能够在华发之际同衰共荣。我们都寄意于经国济民，结成了兄弟般的友谊。让这种友谊像管仲和鲍叔牙一样，在史册上千载留名。

李白读了《诸葛亮传》后，满怀深情地写下自己的感怀，赠给京兆尹长安县尉崔叔封兄弟二人。李白在诗中热烈赞扬了诸葛亮，对刘备与诸葛亮君臣情深、成就一番事业的魄力表示由衷的向往，并以诸葛亮自比，而将崔氏兄弟比作善于识人的崔州平和厚于交道的崔瑗，隐约流露出恳求援引之意。总之，这首诗抒发了李白热切希望能得到知己荐举而施展抱负的强烈愿望。正因为如此，南宋诗论家严羽说，李白此诗"赠人适以自赠"，足见诗人之性情。

李白常以伊尹、姜尚、张良、诸葛亮自比，原因之一便是他们和君主之间有着彼此信任、相互融洽的关系，而这正符合诗人心中的理想世界。李白有"奋其智能，愿为辅弼"的雄心，渴望建功立业，但屡遭挫折，一生未能实现。李白曾当了两年皇帝的文学侍臣，并未参与政事，仍遭到宦官高力士等人的诋毁，被"赐金放还"，结束了帝京生活。安史之乱时，李白被永王李璘召为幕僚，因永王与李亨（后为唐肃宗）之间发生战事，永王兵败身死，李白获罪，受到流放夜郎的处罚，行至半途遇大赦得以获释。第二次从政又失败了，因此李白的诗中有时不免杂夹着一些消极成分。

如《南都行》一诗，虽写东汉南都南阳之美，诗中主旨却是讲述李白对南阳英豪的钦敬和仰慕，他以诸葛卧龙自比，以申经世之志，抒发壮志未酬、怀才不遇的悲伤。诗的最后两句："谁识卧龙客，长吟愁鬓斑。"李白自叹长吟诸葛亮的《梁父吟》，因没有知己推荐，我的头发都要愁白了。

《行路难三首》（其二）："君不见昔时燕家重郭隗，拥簪折节无嫌猜。"说的是战国时燕昭王尊郭隗老人为师，以招揽贤士，当邹衍到来时，竟亲自打扫道路，恐怕灰尘飞扬，用衣袖挡住扫帚，以示恭敬。李白始终希望君臣之间有一种比较推心置腹的关系，感叹现实生活中这种关系却又极其少见。

《金陵城西楼月下吟》："月下沉吟久不归，古来相接眼中稀。"李白伫立月下，沉思默想，久久不归，感叹不仅是他自己眼前知音稀少，自古以来有才华、有抱负的人当时也都如此，也是诗人无可奈何的自我安慰。

但李白志向始终不泯，总体上并不使人消沉，诗中更多的是流露出在困顿中仍想有所作为的积极用世的热情，心中永远燃烧着一团火，没有放弃追求与信心。《读诸葛亮武侯传书怀赠长安崔少府叔封昆季》这首诗，就是李白被迫离开长安后所作，他并没有就此消极下去，反而热烈赞扬诸葛亮，赞颂刘备与诸葛亮的君臣之情。李白在诗中明确表示自己同样有诸葛亮那样的胸襟与抱负，因而也希望像诸葛亮"鱼水三顾合，风云四海生"那样，得到君主的知遇，干一番经时济世的大事业。李白直到去世的前一年，在听到太尉李光弼率军讨伐叛军时，还准备投身行伍，后因病未能如愿而作罢。纵观李白的一生，虽然有隐居、任侠、求仙的探求，但从他年轻时"愿为辅弼"，至老仍旧"挺身请缨"，主要的想法都是要为国家建功立业，"济苍生安社稷"。可以说，李白的浪漫主义精神，都是根植于积极向上、昂扬热烈的理想之上的。

子美赋诗恳求修复武侯庙

唐大历元年（766），杜甫由成都到了夔州（今为奉节），在此居住了约两年，创作了大量诗篇。有学者统计为462篇之多，约占现存杜诗1455篇的三分之一。其中就包括了多首赞美孔明的诗篇，许多诗句脍炙人口，如"诸葛大名垂宇宙，宗臣遗像肃清高"。他在游览武侯庙时，作《武侯庙》诗，头两句"遗庙丹青落，空山草木长"。即武侯庙中的壁画由于年代久远而早已脱落，整座白帝山一片空寂，只有草木徒然茂长。又作《诸葛庙》一诗，最后四句："虫蛇穿画壁，巫觋醉蜘蛛。忽忆吟梁父，躬耕也未迟。"即可惜武侯庙里已经有些破败了，蜘蛛、壁虎在陈旧的画作上乱爬乱窜。忽然想到诸葛亮喜欢的《梁父吟》，联想到自己，如今仕途曲折处世不易，能回归到田野躬耕也很好。但杜甫从不消沉不能自拔，而是要学习诸葛亮，像武侯那样立志高远，以诗篇来表达为国为民、积极向上的情绪情感。

大历二年（767），崔卿任荆州节度使，权摄夔州。杜甫便想将拜谒夔州西郊武侯庙，见诸葛庙破败，诸葛亮塑像无头的景象报告给崔卿，趁崔卿暂代夔州刺史之机，请求修缮武侯庙，修补武侯头像。于是便有了《上卿翁请修武侯庙遗像缺落时崔卿权夔州》一诗："大贤为政即多闻，刺史真符不必分。尚有西郊诸葛庙，卧龙无首对江濆。"清代杨伦，乾隆年间的进士，官至荔浦知县，晚年主讲江汉书院，著有《杜诗镜铨》，为杜甫诗词作简明注释，称"崔卿翁，公之舅氏"，即崔卿是杜甫的舅舅。

杜甫这首诗的大意是，赞扬州官能像古代大贤一样地勤政爱民，称崔卿刺史虽兼摄夔州但仍有这份职责，西郊武侯庙里诸葛亮的塑像缺了头，整日在江边面对不尽的江水。总之，是请求其舅舅崔卿来修复武侯庙的孔明塑像。后来的结果如何，典籍中已找不到相关的任何文字，但从杜甫的其他诗篇中，还是可以看出，诸葛亮的塑像得到了圆满修复，因为武侯庙可以得到官员和民众的祭礼了。《咏怀古迹五首》（其四）："蜀主窥吴幸三峡，崩年亦在永安宫。翠华想像空山里，玉殿虚无野寺中。古庙杉松巢水鹤，岁时伏腊走村翁。武侯祠堂常邻近，一体君臣祭祀同。"可能是杜甫对崔卿修复武侯庙比较满意，在当年冬，崔卿统军权摄夔州事毕，还江陵就其本职时，杜甫又热情以诗相送，写了首充满依依不舍之情的《奉送卿二翁统节度镇军还江陵》："火旗还锦缆，白马出江城。嘹唳吟笳发，萧条别浦清。寒空巫峡曙，落日渭阳明。留滞嗟衰疾，何时见息兵。"

当然了，杜甫所保护的白帝庙中的武侯庙，还有先主庙，大约始建于南北朝时期，后来由于战乱，武侯庙、先主庙都不存在了。现今的白帝庙均为清代重修，保留有明代"三功殿"（指马援、刘备、诸葛亮三位功臣），改名为"明良殿"，仍祭祀刘备、诸葛亮、关羽、张飞。"明良殿"西侧就是武侯祠，供奉诸葛亮、其子诸葛瞻、其孙诸葛尚的塑像，两边楹联则是杜甫的两句诗"诸葛大名垂宇宙，宗臣遗像肃清高"，横匾是"伯仲伊吕"四个大字。武侯祠的两侧为70余通碑林碑刻。前殿有21尊两米高的"白帝城托孤"群像，刘备半卧龙榻，诸葛亮站在榻前，李严、赵云、马谡等文武分列两旁，造型逼真，气氛肃穆，再现了当年那感人至深的悲壮场景。毋庸置疑，现今白帝城的武侯祠，是长江三峡重要游览胜地，定是比杜甫当年所见到几近破败的武侯庙漂亮多了，这其中自然包含了杜甫在内的历代无数仁人志士的精心呵护。

　　杜甫既不是文物专职人员，也不是州郡长官，用现代语境说，他应该是位地道的文物保护志愿者，其言其行值得后世的人们去学习与效法。道理很简单，各类文物都是人类在历史发展过程中遗留下来的遗物、遗迹，是人类宝贵的历史文化遗产，因此，对文物的保护管理具有重要的意义。它不仅是专业工作者的责任，也是全体公民责无旁贷的义务。多年来，各地涌现了许许多多的文物保护志愿者，他们不计报酬不辞辛劳，采取多种途径，宣传文物保护知识，让人们走近文物、认识文物、心系文物，以便更好地保护文物。在这方面，各地领导干部更负有重要责任，无论是促发展还是谈建设，都不能以破坏珍贵的、不可再生的文物为代价，要将发展建设与保护文物并重并进，让国人引以为豪的文物古迹得以存续千秋万代。

"兵书峡"的美妙传说

在有关诸葛亮的众多遗迹中，"兵书峡"久负盛名，民间还流传着一个美丽的传说。兵书峡，在归州（清代降为县级州，称散州，民国废州为秭归县）北20里。《名胜志》载，峡为诸葛武侯藏兵书处，至今望去，常若书卷然，又名铁棺峡。

传说此峡的兵书为孙武隐居时所著，他走时带走一部，即《孙子兵法》，其余五卷藏于此峡。后孙武后人孙膑又取走一部，并加进自己的理解，形成了《孙膑兵法》。三国时诸葛亮征战永州一带时，曾取下剩下的四卷阅读，受益匪浅。但诸葛亮为人谨慎，离开东安时，既未带走也未抄录，又将四卷兵书归还了原处。世人从此便称此峡为诸葛亮藏兵书之处。

清代诗人袁枚，于21岁乘船过东安（三国时东吴所置东安郡，今浙江富春）时，划船人手指绝壁说：此武侯藏兵书之处。袁枚仔细看去，只见绝壁上有正方形木匣，四周均有四尺多，放置于山腰间。50年之后，袁枚再次乘船经过此地，上述木匣依然还在，宛然无损。袁枚感叹虽然世间各种传闻包括诸葛藏兵书等，不可轻信，但福建、四川等地，往往高崖上有仙床浮舟，倒是常有听闻，世间有些奇诡之事真是不可测呀。随后作诗《兵书峡》："谁把金箱置碧虚？相传诸葛有兵书。拟呼羊侃横行上，取献熙朝补石渠。"诗中涉及一个典故"羊侃横行上"，出自《梁书·羊侃传》："（羊侃）尝于兖州尧庙蹋壁，直上至五寻，横行得七迹。"即梁朝著名将领羊侃，武艺高超，力大无比，曾在兖州尧庙的墙壁上行走，缘壁而上竟能直上四丈高，左右横行七步。袁枚这首诗的大意是，是谁将如此贵重如金的书箱放置于接近碧空蓝天处？相传里面藏的是诸葛亮的兵书。呼唤羊侃似的人物来此地也好横行在绝壁上，取来诸葛兵书献于盛朝藏书之所。

按清代张澍《诸葛忠武侯文集》记载，诸葛亮藏兵书处还有三处。一处是定军山上的诸葛岩，山壁陡峭人不可登，上有兵书匣；一处是通道县（今属怀化）的武侯兵书台；一处是梁州（三国时所设，治所在汉中，今为汉中）的储书峡，相传为诸葛亮藏书处。

其实，诸葛亮自己就写过多部兵书，这在典籍中有明确的记载。诸葛亮所著的兵书大致如下：陈寿作《诸葛亮传》，曾收集诸葛亮文章24篇，10万多字，其中仅从字面上看属于兵书的不少，如"北出""南征""计算""传运""兵要第十二""军令上第二十二""军令中第二十三""军令下第二十四""训厉第六"等，可惜大多已失传。后世又不断有人收集整理诸葛亮文集，当然包括兵书在内。

《隋书》"经籍三、四"载，《诸葛武侯集诫》2卷，诸葛亮著；《诸葛亮兵法》5卷，亡；《蜀丞相》《诸葛亮集》25卷。

《新唐书》"经籍上"载，《诸葛亮隐没五事》，郭冲著。

《新唐书》"艺文二"载,《诸葛传》5卷,未注明作者;《贞洁记》,诸葛亮著。

《宋史》"艺文二"载,诸葛亮著《武侯十六条》1卷、《行兵法》5卷、《行军指掌》2卷、《占风云气图》1卷、《兵书》7卷、《将苑》1卷、《兵书手诀》1卷、《文武奇编》1卷、《武侯八阵图》1卷。《宋史》所载的这些著述,可能是托名于诸葛亮之作,并非出自诸葛亮本人之手,这也足以反映出诸葛亮军事思想和兵法,对后世影响之大。《宋史》"艺文七"载,《诸葛亮集》14卷,黄铢著。

《明史》"艺文二"载,《诸葛武侯全书》10卷,杨时伟著。

《清史稿》"艺文二"载,《诸葛亮故事》5卷,张澍著;《忠武志》8卷,张鹏翮著。

诸葛亮的军事思想和兵法战法,集中地反映在《便宜十六策·治军第九》这一篇章中。该篇详尽地论述了治军与用兵之道,包括将帅之配备、军队的训练、用兵打仗的战略思想、战术问题、带兵问题、后勤保障问题,等等,可以说涉及治军用兵的方方面面,不妨节录几段具体战法论述供读者欣赏。

"故军以奇计为谋,以绝智为主,能柔能刚,能弱能强,能存能亡,疾如风雨,舒如江海,不动如泰山,难测如阴阳,无穷如地,充实如天,不竭如江河,终始如三光,生死如四时,衰旺如五行,奇正相生,而不可穷。"即将帅统领的军队应该以出人意料的计划作为谋略,应该有绝妙、高超的智慧,刚柔并济,强弱皆能,能屈能伸,发动的攻势像暴风骤雨一样的迅猛,统率的三军还要像平静的江海一样悠然自得,摆开的阵势像泰山一样的稳固,行踪还要秘密,使敌人对我方的计划无法测知。在调动兵力时，使兵力像天地一样广泛、充实，像江河一样无穷、无尽，像日、月、星辰一样有始有终，像春夏秋冬的四季规律一样，在战法上，奇袭与常规战法互相配合，变化无穷。

"故兵从生击死，避实击虚。山陵之战，不仰其高；水上之战，不逆其流；草上之战，不涉其深；平地之战，不逆其虚；道上之战，不逆其孤。此五者，兵之利，地之所助也。"即用兵的原则是保存自己、消灭敌人，避开敌人实力强劲的部队去攻击敌人防守薄弱的地方。在山陵作战，不要从低处向高处仰攻；在水上作战，不能逆水向上流进攻；在草地上作战，不可以向草茂密的地方深入；在平原作战，不要中敌圈套；在道路上作战，不可把部队散开，以免陷入孤军作战的境地。这五点就是利用锐利的兵器，占据有利的地势以夺取胜利的原则。

"以近待远，以逸待劳，以饱待饥，以实待虚，以生待死，以众待寡，以旺待衰，以伏待来，整整之旌，堂堂之鼓，当顺其前，而覆其后，固其险阻，而营其表，委之以利，柔之以害，此治军之道全矣。"即以我方接近战地的部队，去攻击远道来的敌军；以我方休息得好的部队，去攻击疲惫不堪的敌人；以自己吃饱喝足的部队，去攻击尚处于饥饿之中的敌人；用我方实力强劲的部队，去攻击虚弱的敌人；以自己处于有利地形的部队，去攻击处于不利形势的敌人；以我方绝对优势的兵力，去攻击人数处于劣势的敌人；以我方士气高昂的部队，去攻击士气低落的敌人；用我方的伏兵，去攻击来犯尚未察觉的敌人。要挥舞旌旗，井然有秩序，要擂响战鼓，有宏大的气势，行军时要前后呼应，固守险要的地势，要用小的利益引诱敌人上当，然后予以狠狠的打击。这就是治理军队、用兵打仗的全部理论。

《孙子兵法》载："兵者，国之大事，死生之地，存亡之道，不可不察也。"诸葛亮延续孙武的这一重要思想，在治国理政、率军征战过程中，不断地总结经验，撰写兵法著作，用《三国志》作者陈寿的话说，就是"治戎讲武"，"推演兵法，作八阵图，咸得其要云"，即讲习武艺，推广演绎用兵作战的策略方法，设计八阵图，都深得其中的要领。明代翰林修撰罗伦称"三代以下兵法之最善者，莫若孔明之八卦"。

清代鄮都知县王蔡绪称八卦阵"兵之法创于武侯，要皆自伏羲八卦推演而得之者"，"侯此阵分为八卦，各阵之中又自分八阵，大阵则象八卦，小阵则象六十四卦"，"故虽统百万兵，如使数人。动静有体，奇正有应，中军大将，如在九天之上，如在九地之下"。《水经注》引诸葛亮语："八阵既成，自今行师，庶不覆败矣。"诸葛亮研究兵法、阵法，可谓下足了功夫，其撰写的兵书怎能不传世！诸葛亮兵书里体现的军事战略思想及具体的战术战法，已经成为中华民族宝贵的精神财富，它将一直为后人进行军事斗争提供智慧支持，直到永远！

筑读书台广揽才俊

在涉及诸葛亮的遗址中，有好几处读书台，如《诸葛亮集》中引用了《汉中府志》的内容："莲花池在沔（勉）县治北，其畔有孔明读书亭遗址，每遇花时，县人游翫（玩）。"襄阳隆中也有读书台。这些读书亭、台，一般都是诸葛亮自己或与好友的读书之地，而成都丞相宅邸附近的一处读书台却有着特殊意义。

诸葛亮于成都宅邸旁特意筑一读书台，除供自己读书外，主要是以此地为联络点，以招聚四面八方的儒者学士、贤人才俊，为蜀国发现和选拔人才。此读书台称之为"招贤台"也许更合适些。《太平寰宇记》对此地记载得比较明确。该书卷七十二载："读书台，在县（成都县）北一里。诸葛亮相蜀，筑此台以集诸儒，兼以待四方贤士，号曰读书台。在章城门路西，今为乘烟观。"

后主刘禅登基、诸葛亮执掌朝政后，下了很大力气来培养和选拔人才。如王平原只是一个牙门将，连识字都不超过 10个，但在街亭之战中显露出不凡的才干，被诸葛亮拜为参军，后又升为讨寇将军，负责镇守蜀汉北大门汉中。第一次北伐，诸葛亮收取姜维后，立即让其觐见后主，并连续提拔，使其成长为蜀汉后期的顶梁柱。

就是对那些低级别的官员，只要有能力、人品又好的，也都予以快速提拔使用。《华阳国志》载，诸葛亮"以（杨）洪领蜀郡太守"，"初，洪为犍为太守李严功曹，去郡数年，已为蜀郡，严故在职；而蜀郡何祗为洪门下书佐，去郡数年，已为广汉太守，洪故在官。是以西土咸服亮之能揽拔英秀也。后洪、祗俱会亮门下，洪谓祗曰：'君马何使？'祗对曰：'故吏马不为驶，明府马不为进耳。'"。即杨洪与何祗原本都是郡守属下的小吏，杨洪先被提升为郡守，何祗在其手下任职，两人因很有才干，做事干净利索，诸葛亮很快就把他们两人先后都提拔到郡守的位置上来。一时间，人们对诸葛亮不论资历和家世破格使用英才的举动称道不已。杨洪与何祗这一对昔日的上下级，如今平起平坐了。一次朝会时，杨洪来晚了，他与何祗开玩笑说："你的马怎么跑得那么快，跑到我的前面？"何祗说："我是您的故吏，怎敢驶马超越？只不过您快马未加鞭罢了。"杨洪与何祗两人的提拔与使用，在蜀国一时被传为美谈，它最能说明诸葛亮能不拘一格举人才。

尽管如此，诸葛亮还嫌不够，考虑到蜀汉地域狭小、人才匮乏，必须尽最大可能地挖掘贤士人才，因此才有了在宅邸附近筑读书台即"招贤台"的举措，以广揽儒者、贤士、能工、巧匠等。

其实，筑台招贤，早在西汉就有之。《西京杂记》卷三载："文帝为太子立思贤苑，以招宾客。"即汉文帝刘恒为太子刘启

（后为汉景帝）建造了思贤苑，用来招纳贤士宾客。《汉书·公孙弘传》载："（公孙弘）数年至宰相封侯，于是起客馆，开东阁以延贤人，与参谋议。弘身食一肉，脱粟饭，故人宾客仰衣食，奉禄皆以给之，家无所余。"即公孙弘当上宰相后，就在东门边开了个小门，兴建接待宾客的馆舍，用来招揽天下的贤能之士。公孙弘自己却过得很节俭，他所得到的俸禄，全都用来招待奉养这些人了。诸葛亮是否受上述启发，而筑读书台用来招贤，已不得而知。

对诸葛亮筑读书台招贤才，到底成效如何，从史书上很难查到直接的结果。但从有些书籍的点滴记载上看，成效还是很大的。《退庵随笔》卷十三载："新安（明代）程元初尝言：'诸葛武侯以一隅抗衡曹魏，曾筑读书台，藉多士之力。考《华阳国志》，木牛流马亦一士人所献，武侯采而用之。'"这里提到一个事实，蜀军北伐所使用的运输工具木牛流马，就是诸葛亮听取他人建议，并在其研究成果基础上，组织力量制造出来的。《诸葛亮集》载："蒲元为诸葛公西曹掾。孔明欲北伐，患粮运难致。元牒与孔明曰：'元等推意作一木牛，兼摄两环，人行六尺，马行四步，人载一岁之粮也。'"严可均《全三国文》也记载了这件事，还特别说明《蒲元别传》为蜀汉姜维所著，《诸葛亮集》中的上段话，即取自《蒲元别传》的"元牒与亮"一节，大意是蒲元带领他人，根据诸葛亮的要求和思路，做出了木牛，被诸葛亮所采用与发挥，让"廖立、杜叡、胡忠等于景谷县西南二十五里白马山，推己意作木牛流马"。自从有了木牛流马，诸葛亮北伐运粮就不再是个难题了。

谏上调下尽人意

　　《宋史·王昭素传》，只有 600 字左右，《续资治通鉴》也有很短的一段关于王昭素的记载，虽然文字都不多，却把一个上能劝谏皇帝爱民寡欲、下能调解乡民诉讼纷争，德高望重、君民都推崇的学者形象展现在了读者面前。

　　《续资治通鉴》第六卷载："昭素少笃学，有志行，帝闻其名，召见便殿。时年七十余，帝问曰：'何以不仕？'昭素谢不能。令讲《乾卦》，至'九五飞龙在天'，敛容曰：'此爻正当陛下今日之事。'引援证据，因示风谏微旨。帝甚悦，问以治世养身之术，昭素曰：'治世莫若爱民，养身莫若寡欲。'帝爱其语，书于屏风间。"即宋太祖赵匡胤知王昭素有学行，便召他进见于便殿。此时王昭素已 70 余岁。太祖让他讲解《乾卦》，讲到"九五飞龙在天"时，他脸色严肃地说："这一爻辞讲的正合陛下今日的情况。"王昭素引经据典，用委婉曲折的语言劝谏皇上。太祖很是喜悦，问他治国养身之术，王昭素说："治国没有比爱护百姓更重要的，养身没有比清心寡欲更重要的。"太祖喜爱他的这段话，便将其书写在屏风间。成语

"受言书屏"说的就是这件事。

宋太祖能如此欣赏王昭素的那两句话，最根本的当然是被王昭素渊博的学识所吸引。本传载，王昭素"少笃学不仕，有至行，为乡里所称"，"昭素博通'九经'，兼究《庄》《老》，尤精《诗》《易》，以为王、韩注《易》及孔、马疏义或未尽是，乃著《易论》二十三篇"。即王昭素博通'九经'，并研究《老子》《庄子》，尤其精通《诗经》《易经》。他认为三国曹魏的王弼、东晋的韩康伯所注的《易经》和唐代的孔颖达、马嘉运对《易经》的疏义不见得都正确，于是就著《易论》二十三篇。学问如此之大，劝谏起皇上来，当然就会得心应手、游刃有余了。另一方面，也与宋太祖自己重视读书、器重学者是分不开的。《宋史·本纪第三·太祖三》载，"晚好读书，尝读二典"，"曰：'作相须读书人。'由是大重儒者"。即宋太祖晚年喜好读书，曾经读《尚书》的《尧典》《舜典》，还说"担任宰相的还应该是读书人"。宋太祖十分器重读书人，还经常劝官员多读书。《宋史·赵普传》载："（赵）普少习吏事，寡学术，及为相，太祖常劝以读书。晚年手不释卷。"

王昭素所以还能调解民间纷争，则完全是他的德行、他的为人带来的。王昭素常常为别人着想，他不仅受到人们的尊敬，其行为还教育和感化了好多人。本传记载了几件小事，足见王昭素纯粹是"德行化人心"。如王昭素自小好学但不愿做官，品行卓绝，受到乡里人的尊敬。他常聚集四方学子，亲自教授他们。又如，王昭素每次买东西，从未与人讨价还价，也不争论价格高下。县里人都说："王先生购买东西从不还价，我们也不能向他要高价。"再如，王昭素有一次整理所居住宅时，把有香气、可供玩赏的橡木堆积在了门中。晚上，有盗贼挑开门准备盗窃橡木，王昭素发觉了，并没有作声，反而将橡木丢到门外。盗贼见此情景，非常惭愧地离去了，从此乡里再也没有盗贼了。再比如，王昭素的家中有一头驴子，平时有很多人都来向他借驴使用。因此，王昭素每次外出前，都要先问仆人："外面有没有人来借驴？"如果仆人回答说："没有。"王昭素才放心出去，因为他怕自己外出了，来借驴的人会借不到。正因为王昭素这些高风亮节的行为，乡里人若发生争执，他们大都不去找官府理论，而是找王昭素来评理解决。

王昭素既有学问，德行又好，两者相辅相成互为依托，实现了统一。笔者以为这是今天读《宋史·王昭素传》的意义之所在。望当今的学子们，要努力将学问与自身的道德修养结合在一起，做到学问与道德共进，并驾齐驱。

古人专注读书二三事

"欲访友人被引归，叩门不知已还家。"说的是隋代精于《两汉书》，被时人称为"汉圣"的刘臻，欲访友家却被误引归家而全然不知的故事。

《隋书·刘臻传》载："（刘臻）性恍惚，耽悦经史，终日覃思，至于世事，多所遗忘。有刘讷者亦任仪同，俱为太子学士，情好甚密。臻住城南，讷住城东，臻尝欲寻讷，谓从者曰：'汝知刘仪同家乎？'从者不知寻讷，谓臻还家，答曰：'知。'于是引之而去，既扣门，臻尚未悟，谓至讷家。乃据鞍大呼曰：'刘仪同可出矣。'其子迎门，臻惊曰：'此女亦来耶？'其子答曰：'此是大人家。'于是顾盼，久之乃悟，叱从者曰：'汝大无意，吾欲造刘讷耳。'""其疏放多此类也。"即刘臻性情恍惚，沉溺迷恋于经史，整日深思，至于其他事情，多有所遗忘。刘臻与刘讷同为太子学士，感情甚密。刘臻家住城南，刘讷家住城东，刘臻要去刘讷家，问从者知不知道刘讷家。从者以为刘臻要回家，便答"知"。于是引导刘臻而去。一路上刘臻也未说话，至家门口，刘臻以为到了刘讷家，便在马上大声呼唤，让刘讷出来。刘臻之子开门后，刘臻惊曰："你怎么也来这里了？"其子答曰："这是咱们自己家呀。"刘臻左顾右盼好一会儿，才明白过来，于是呵斥从者说，我要去的是刘讷家！其粗疏多如此。

典籍中记载了很多像刘臻那样读书专注、入迷、忘我的事例，不妨衔来几个与朋友们共赏。《后汉书·朱穆传》载："（朱穆）及壮耽学，锐意讲诵，或时思至，不自知亡失衣冠，颠队阬岸。其父常以为专愚，几不知数马足。穆愈更精笃。"即朱穆到了壮年特别好学，在讲诵方面特别下功夫，有时想问题专心时，衣、帽丢失了自己也不知道，在坑洼处和河岸边还经常跌倒和坠落。他的父亲常以为他太专心近似愚笨。朱穆却更加精心钻研学问。后来朱穆官拜冀州刺史、朝廷尚书，为人刚正不阿，居官数十年，"死守善道"，布衣蔬食，家无余财，其思想节操为人所推重，时人评其为"兼资文武，海内奇士"。

《晋书·王育传》载："（王育）少孤贫，为人佣牧羊，每过小学，必歔欷流涕。时有暇，即折蒲学书，忘而失羊，为羊主所责，育将鬻己以偿之。同郡许子章，敏达之士也，闻而嘉之，代育偿羊，给其衣食，使与子同学，遂博通经史。"即王育小时候是个孤儿，很贫穷，被别人雇佣放羊，每次路过学校的时候，就叹息流泪。王育一有空闲的时间，就截取水杨柳的枝条当笔来学写字，有一次忘记了自己还在放羊，把羊弄丢了，被雇主责罚，王育准备卖身以偿还雇主的损失。同郡的许子章是见识广的人，听闻了这件事，夸奖了王育，代王育偿还了羊，供给他衣服和食物，让他同自己的儿子一起上学，王育因此才能够博通经史。

《北史·王劭传》载，撰有《隋书》80卷、《齐书》100卷的隋代历史学家王劭，"少沈默，好读书"。"爰自志学，暨于暮齿。笃好经史，遗略世事。用思既专，性颇恍惚，每至对食，闭目凝思，盘中之肉，辄为仆从所啖。劭弗之觉，唯责肉少，数罚厨人。厨人以情白劭，劭依前闭目，伺而获之。厨人方免笞辱。其专固如此。"即王劭有志于学，从小就酷爱读书。一直到年老齿衰，仍坚持不懈。到了晚年，仍然很喜欢研究经史，对日常生活小事都遗忘了。他用心专一，以至于精神恍惚，常常面对食物，闭上眼睛冥思苦想。盘子里的肉经常被仆人偷吃。王劭也不知道真正的原因，只是责问厨师，嫌肉太少，并好几次处罚厨师。厨师把实情告诉王劭后，王劭吃饭时像以前一样闭着眼睛，等仆人偷肉吃，当场抓获。厨师这才免去了再次受到责罚。王劭专心致志竟到了这种程度。

《周书·樊深传》载："（樊深）弱冠好学，负书从师于三河，讲习《五经》，昼夜不倦。""性好学，老而不怠。朝暮还往，常据鞍读书，至马惊坠地，损折支体，终亦不改。"即樊深喜好学习，到老也不懈怠。他在上朝和回家的途中，还经常骑在马上读书。有一次他骑着马看书，马惊把他摔在地上，手脚都摔折了，但最终他还是没有改变在马上看书的习惯。正因为这样，他把儒家经典研究得至深至精，每次讲学，都能大量引用汉魏诸家之说。后来被授国子博士，朝廷有疑问时，经常召他来询问。

《宋人佚事汇编》卷十载："王荆公作《字说》时，用意良苦，置石莲百话枚几案，咀嚼以运其思。遇尽未及益，即啮其指，至流血不觉。"即王安石写《字说》时，用心良苦，放了

100 多颗莲子在桌子上，用咀嚼莲子来帮助思考。遇到桌上莲子已经嚼完，还未及添加时，就咬自己的手指头，鲜血直流也察觉不到。

南宋理学大师朱熹说过："读书之法无他，惟是笃志虚心，反复详玩，为有功耳。"大意是，读书没有其他的方法，只有别无旁骛，坚定意志，虚心求教，反复钻研，才能有所收获。上述刘臻等人看来都做到了这一点。

聚书又焚书的萧绎

南朝梁元帝萧绎，在位只有 4 年时间，就被西魏所灭被俘被杀，进而亲手葬送了由其父梁武帝萧衍开拓的、已延续了 50 多年的国度，看来其治国理政、统兵打仗的能力，实在是不值恭维，但他是个酷爱读书、喜欢著书、学富五车的君主，其一生读书、聚书、写书、讲书都颇有特点，最后竟还发展到焚书，酿成史上一次堪比秦始皇"焚书坑儒"的典籍之厄。

下面的两段记载，足以看出萧绎热爱读书都到了何等程度！《梁书·元帝本纪》载："(萧绎)既长好学，博综群书，下笔成章，出言为论，才辩敏速，冠绝一时。"文学家、教育家颜之推，大同八年（542），刚刚 12 岁，就做了时为湘东王萧绎的门徒。萧绎发达后，封颜之推为右常侍。应该说，颜之推是相当了解萧绎的。在《颜氏家训》第八篇《勉学》中，颜之推写道："梁元帝尝为吾说：'昔在会稽，年始十二，便已好学。时又患疥，手不得拳，膝不得屈。闲斋张葛帏蝇独坐，银瓯贮山阴甜酒，时复进之，以自宽痛。率意自读史书，一日二十卷，既未师受，或不识一字，或不解一语，要自重之，不知厌倦。'帝子之尊，童稚之逸，尚能如此，况其庶士，冀以自达者哉？"即梁元帝曾经对我说："以前在会稽时，我才12岁，就已经很好学了，那时我又得了疥疮，手握不成拳头，膝盖屈不下，有空闲时就撑起葛帏以挡住蚊蝇，独坐其中，在银瓯中装上山阴甜酒，偶然喝一两口以暂时减轻一下疥疮的疼痛，自己专心一意地读历史书籍，一天读20卷。由于没有老师讲授，或者有一个字不认识，或者有一句话不理解，就自己反复琢磨，不知厌倦。萧绎是太子，地位很尊贵，又处在贪玩的孩提时代，还能这样勤奋读书，更何况一般百姓呢！怎么能不勤奋读书就可以通达事理呢？"

萧绎在哪里任职都喜欢为人讲授经典。为湘东王时，就在江州（今九江）讲授《庄子》《老子》，颜之推曾听过他的讲授。本传载，承圣三年（554）九月二十日，萧绎在龙光殿为百官讲述《老子》一书的要义，尚书仆射王褒为其主持讲经。此时魏军已大举进犯梁国。十月十三日，魏军已进抵襄阳，萧绎才停止讲述经书，宣布朝廷内外实行戒严，十一月城破被俘。十二月萧绎被魏军杀害。敌军压境，军情紧急，萧绎仍旧讲经不止，史上恐无第二例。后世有学者抨击他："国家安危之际，却天天读《老子》，焉能不亡？"

由于梁武帝重视文化，命人在首都建康的文德殿集中并整理图书，加上江南维持了40多年的安定局面，官方和民间藏书得以大量增多。萧绎在所著的《金楼子》中说："吾今年四十六岁，自聚书来四十年，得书八万卷，河间之俦汉室，颇谓过之矣。"即萧绎自称他所收集的书籍与汉代官藏书籍不相上下，甚至还要多一些。《隋书·牛弘传》也有关于萧绎聚书方面的记载："萧绎据有江陵，遣将破平侯景，收文德之书，及公私典籍，重本七万余卷，悉送荆州。故江表图书，因斯尽萃于绎矣。"即萧绎占据江陵，派兵将平定侯景之乱，收集文德殿的书籍和公私典籍重本，共计有 7 万余卷，全部送到荆州。到萧绎焚书时，他前后数年共聚书 14 万卷之多。

萧绎自号金楼子，善五言诗，其文章、书法、绘画称为"三绝"，一生著有大量著作。本传载，萧绎著有《金楼子》6卷、《孝德传》30 卷、《忠臣传》30 卷、《丹阳尹传》10 卷、《注汉书》115 卷、《周易讲疏》10 卷、《内典博要》100 卷、《连山》30 卷、《玉韬》10 卷、《老子讲疏》4 卷、《洞林》3 卷、《全德志》、《怀旧志》、《荆南志》、《江州记》、《职贡图》、《古今同姓名录》等。以上共计各类著作 20 种，400 余卷，但现今仅存有《金楼子》。萧绎身为太子，任过多地的主政长官，最后又当上了一国之君，却如此笔耕不辍，著作等身，实在是难能可贵啊！

然而，就是这样一个酷爱读书与写作之人，最后关头却干起了焚书的勾当。《资治通鉴》第 165 卷载："帝（萧绎）入东阁竹殿，命舍人高善宝焚古今图书十四万卷，将自赴火，宫人左右共止之。又以宝剑斫柱令折，叹曰：'文武之道，今夜尽矣！'乃使御史中丞王孝祀作降文。""或问：'何意焚书？'帝曰：'读书万卷，犹有今日，故焚之！'""辛未，帝为魏人所杀。"即萧绎躲进东阁竹殿，命令舍人高善宝把自己收藏的古今图书 14 万卷全部烧毁。他正准备跳到火堆里去自杀，宫中左右侍从一起阻止了他。元帝又用宝剑砍柱子，宝剑折断，他长叹说："书烧了，剑折了。文武之道，今天晚上全完了。"于是让御史中丞王孝祀写投降文告。有人问元帝："为什么把书都烧毁？"元帝回答："我读书万卷，还落得今天亡国的结局，所以干脆烧了它！"辛未（十九日），元帝被西魏人处死。魏军进城，于残墟之中往外抢拣书卷，仅得4000余卷。正如《隋书·牛弘传》所说，"及周师入郢（即江陵），绎悉焚之于外城，所收十才一二。此则书之五厄也"。即周兵打入江陵，萧绎把这些书集中在外城焚烧，所剩仅十之一二。这是史上书籍的第五次厄难。可以说，萧绎"江陵焚书"是中国历史上的重大文化浩劫之一，使得南朝数百年积累下来的文化典籍，基本上损失殆尽，今人尚能看到的也就寥寥几部而已。

清代王夫之《论梁元帝读书》一文，剖析了萧绎从酷爱书籍到尽数焚烧，最后身死国灭的过程。指出："帝之自取灭亡，非读书之故，而抑未尝非读书之故也。"即元帝自取灭亡，固然不是因为读书所导致的，也未尝不是因为读书所导致的。从萧绎所著述的书籍与文章来看，他读书沉迷于舍本逐末，只讲求文字技巧的"词章之学"，收集华丽的史料典故，以夸耀自己的博学，根本就没有从中得知先人治政之本、朝代兴衰之由、个人修身之要，尤其是在国家面临灭亡之际，仍埋在书籍中不返，还在一门心思地讲授经文，这和沉醉于酗酒、赌博、美色有什么两样？纯属"玩物丧志"、害己误国。正确的读书态度应该是，明白人生的大道理，以确立修己治世的本体，观察隐微精义的言论，达到善于精通事理、心领神会的地步，并将之付诸实用。从萧绎的所作所为来看，他是至死都没有觉悟啊！王夫之的评说可谓入木三分、深刻至极。

编蒲抄书终成器

可以说，《古文观止》收录的文章，都是尽善尽美的至文。其中就有汉代路温舒的《尚德缓刑书》。原文见于《汉书·路温舒传》。路温舒时任掌决狱、治狱的廷尉史，恰逢汉宣帝刘询初即位，便写了此篇奏章，从反面指出秦朝的过失，痛陈汉朝酷吏治狱的恶果，劝诫汉宣帝减省法制、放宽刑罚、崇尚德政。

路温舒在奏章中层层剥皮、步步深入，把酷吏违法治狱的表现、原因、危害以及纠正之法都写得十分透彻。如"臣闻秦有十失，其一尚存，治狱之吏是也"。即我听说秦朝有很多失误的地方，其中一条现在还存在，就是负责审案的官吏违法判案的问题。

"《书》曰：'与其杀不辜，宁失不经。'今治狱吏则不然，上下相驱，以刻为明，深者获公名，平者多后患。故治狱之吏，皆欲人死，非憎人也，自安之道，在人之死。"即《书经》上说："与其杀死无罪的人，宁可犯不按旧法成规办案的错误。"而现在判案官吏不是这样，他们上下相互驱使，以苛刻当严明，严厉判案就会有公道的好名声，公正判案反而会多有祸患。所以那些判案官吏，就都想着把犯人置于死地，这并不是说他们有多么恨罪犯，而是他们求得自保的稳妥办法。

"夫人情安则乐生，痛则思死，棰楚之下，何求而不得？故囚人不胜痛，则饰辞以视之，吏治者利其然，则指道以明之，上奏畏却，则锻炼而周内之；盖奏当之成，虽咎繇听之，犹以为死有余辜。"即人们的常情是安适之时就会十分快乐，痛苦之时就会想到要死掉，在荆杖鞭打的酷刑之下，从犯人身上什么口供不能得到呢？罪犯往往忍受不了痛苦，就用假话供认，办案官吏得到所要的口供，就对应上某一罪名，列举出罪犯招认的罪行，将如此"完整、清楚"的案子报给上级最终判罪，即使是掌刑狱之事的神明皋陶在世，听了犯人的供述与罪状，也会认为必须处死的。

"何则？成练者众，文致之罪明也。是以狱吏专为深刻，残贼而亡极，媮为一切，不顾国患，此世之大贼也。"即为什么会这样呢？是审案的官吏陷人于罪、罗织罪名、玩弄法律的缘故。办案官吏专门苛刻严峻地对待犯人，残害人没有止境，不顾民众的痛苦和国家会遭到的祸患，这就是现实社会中的大害。

"扫亡秦之失，尊文武之德，省法制，宽刑罚，以废治狱，则太平之风可兴于世，永履和乐，与天亡极，天下幸甚。"即欲纠正酷吏酷法，就要扫除造成秦朝灭亡的错误，奉行周文王、周武王之德，减省法制，宽缓刑罚，天下就会出现太平之气象，和平安乐就会与天地一样无穷无尽，人民就幸福了。

汉宣帝对路温舒的奏言给予了相当积极的回应。《汉书·刑法志》载:"(汉宣帝)上深愍焉,乃下诏曰:'间者吏用法,巧文浸深,是朕之不德也。夫决狱不当,使有罪兴邪,不辜蒙戮,父子悲恨,朕其伤之。今遣廷史与郡鞫狱,任轻禄薄,其为置廷平,秩六百石,员四人。其务平之,以称朕意。'""时上常幸宣室,斋居而决事,狱刑号为平矣。"即汉宣帝非常伤心,于是下诏称:"近来官吏舞文弄法的现象越来越严重,这都是朕的错误。狱案处理不当,使有罪者越发作恶,使无辜者遭受严惩,父子兄弟悲伤愤恨,朕对此甚为难过。如今派廷尉史(廷尉下属官吏)参与各郡的司法事务,但职权小俸禄少,应再置廷尉平四名,俸禄为六百石。务必使审判公平,以符合朕的心意!"每年秋天,当对一年中的案狱做最后决定时,汉宣帝经常到宣室殿,实行斋戒,亲自裁决,对各类案狱的判决号称公平。

然而,写出如此堪称中国法治史上一篇大作的路温舒,早年却是在蒲草上写字抄书成才的。本传载:"(路温舒)父为里监门。使温舒牧羊,温舒取泽中蒲,截以为牒,编用写书。稍习善,求为狱小吏,因学律令,转为狱史,县中疑事皆问焉。太守行县,见而异之,署决曹史。又受《春秋》,通大义。""元凤中,廷尉光以治诏狱,请温舒署奏曹掾,守廷尉史。"即路温舒的父亲是乡里的小吏。小时候,路温舒的父亲让他牧羊,他把湖泽中的蒲草取来,做成简牒的形状,用绳子编起来,在上面写字抄书。后来路温舒当上了狱中的小吏,开始学习律令,不久提为狱史,县里面有疑惑的事都来问他。太守来到县里,看到后感到很惊异,便让他代理曹史。他又钻研《春秋》,弄懂了其中的大义。元凤三年(前78),廷尉李光审理奉天子诏令而被押的犯人，请路温舒代理奏曹掾，兼行廷尉史之职。正是在任廷尉史时，路温舒对愈演愈烈的刑讯逼供、冤假错案感受深刻，才写出了上述著名的奏章。

岳麓书院讲堂一瞥

　　长沙岳麓山下，有一座幽静古朴的院落，这就是始建于北宋的千年学府——岳麓书院。如今它已由一所古代书院，发展成为湖南大学。当人们徘徊在书院的讲堂、文庙和诸多专祠的时候，总能从那块块石碑、众多匾额、对联中，在找寻书院悠久历史的过程中，去体味中华传统文化的永久魅力。

　　书院大门的正上方，悬挂着宋真宗赵恒亲题的"岳麓书院"御匾，门两旁则是对联"惟楚有才，于斯为盛"。过了二门，就到了书院的核心部分——讲堂。讲堂的正中设有高1米的长方形讲坛，摆有两把红木雕花座椅，为山长和副讲的席位，也含有纪念朱熹和张栻曾在此一同讲学之意。讲坛后的屏风嵌刻着张栻撰写的《岳麓书院记》。讲堂南、北两侧墙壁上分别嵌有朱熹手书的"忠、孝、廉、节"，山长欧阳正焕手书的"正、齐、严、肃"的大字碑。

　　讲堂大厅檐前悬有堪称稀世珍宝的"实事求是"匾额。它是1917年湖南工专迁入岳麓书院办学时，由校长宾步程撰写，作为校训制匾而悬挂于此，以期引导师生从事实出发，崇尚科学，追求真理。其实，"实事求是"一词，最早出现在《汉书·河间献王刘德传》中："河间献王德以孝景前二年立，修学好古，实事求是。从民得善书，必为好写与之，留其真，加金帛赐以招之。"即河间献王刘德在景帝前二年（前157）称王。他研究学问，热爱古贤，依据实证，探求真知。他崇尚古代典籍并用心钻研，总是寻根问底，非要弄清史事的真相。如果从民间得到了一本好书，他一定要工整地抄写一本，自己将真本留下，以抄写本还给人家，并赏赐金银绢帛。对《刘德传》中的"实事求是"，唐代颜师古在《汉书注》中的解释是务得事实，每求真是也；《辞海》则解释为根据实证，求索真相。总之，其意义在于它是一种治学方法，或称为考据学，讲究的是言必有据、无证不信，主要用于对古籍的整理、校勘、注疏等。

青年时期的毛泽东，曾在1916—1919年间几次寓居岳麓书院讲堂旁的"半学斋"（学生自修和住宿之处）从事革命活动，寻求救国救民的真理。在半学斋期间，他推开宿舍窗子，就能看到对面讲堂檐前的"实事求是"匾额。可以说，"实事求是"这四个大字所蕴含的文化精神对毛泽东的思想产生了重要影响。在后来革命实践过程中，毛泽东不断丰富和发展"实事求是"的内涵。1941年，毛泽东在延安发表《改造我们的学习》一文中，第一次以马克思主义的立场、观点和方法，对"实事求是"做了全新的、科学的阐述："'实事'就是客观存在着的一切事物，'是'就是客观事物的内部联系，即规律性，'求'就是我们去研究。"1943年，毛泽东还亲笔书写"实事求是"，作为延安中央党校的校训。"实事求是"逐渐成为毛泽东思想的灵魂和精髓，成为党的思想路线。

讲堂大厅中央悬挂着两块鎏金木匾，一为"学达性天"，为康熙二十六年（1687）御赐，意为知识不是赚钱谋生的手段，人通过对知识的学习体悟，可以穷尽心理、恢复天性，上达于天命，进入到天人合一的境界。二为"道南正脉"，为乾隆八年（1743）御赐，肯定了岳麓书院在中国理学传播史上的重要地位。

讲堂还有对联多副。在"实事求是"匾额下方两旁的对联是："工善其事，必利其器；业精于勤，而荒于嬉"。为宾步程撰书。上联摘自《论语·卫灵公》："子贡问为仁。子曰：'工欲善其事，必先利其器。'"即工匠想要把他的工作做好，一定要先让工具锋利。下联摘自韩愈的《进学解》："国子先生晨入太学，招诸生立馆下，诲之曰：'业精于勤，荒于嬉；行成于思，毁于随。'"即国子先生早上走进太学，召集学生们站立在学舍下面，教导他们说："学业由于勤奋而专精，由于玩乐而荒废；德行由于独立思考而有所成就，由于因循随俗而败坏。"

还有一副对联颇值得玩味，为清代岳麓书院山长旷敏本撰写，它悬挂在讲堂的两边墙壁上："是非审之于己，毁誉听之于人，得失安之于数，陟岳麓峰头，朗月清风，太极悠然可会；君亲恩何以酬，民物命何以立，圣贤道何以传，登赫曦台上，衡云湘水，斯文定有攸归。"这副对联给学子们指出了人生应有的一种积极向上的态度。上联的意思是：遇有大是大非之事需自己决定，别人的闲言碎语就让他去说吧，一个人的事业是否成功，除了要个人努力外，还需看机遇如何，如果你遇到人生的困苦与困境，也不要悲痛绝望，那你就去登岳麓山吧，去那里感受一下明月与清风，就会发现你已经完全融入了大自然之中，什么样的荣辱得失都完全被置之度外了。下联是说，当你春风得意之时，要报答朝廷和父母的栽培、养育之恩，更要好好思考如何让老百姓的日子过得好，把圣贤的道统、民族的优秀文化发扬光大。在高耸的赫曦台（岳麓山顶观日出之处）上，俯瞰衡云湘水，一定会对儒家文化有更加执着的信念。这副对联所展现的精神内涵，正是儒家"穷则独善其身，达则兼善天下"这一中华民族始终崇尚的品德和胸怀的体现。出自《孟子》的这句名言，意思是一个人在不得志的时候，就要注重提高个人修养和品德，洁身自好；一个人在得志的时候，就要想着把善发扬光大，努力让天下人都能得到好处。

漫步于岳麓书院的讲堂，我不由得生发出一种强烈的预感，岳麓书院在新时代必将焕发出勃勃生机，持续在文化传承、人才培养等领域绽放出璀璨光芒，成为推动社会进步和文化发展的重要力量！

"学以知道，行以成德"

"学以知道，行以成德。"即学习而懂得道义，行动而培养品德。语出《全唐文》卷 458 所载的一则判词。《对聚徒教授判》为唐代大历朝（唐代宗时期）官至侍御史的宋少真所判，是从律法上，对聚众教授的授学方式以及束脩之礼的肯定与支持。

事实是："甲聚徒教授，每春秋享时，以素木瓠叶为俎豆。"即甲招聚集学生进行讲授，每当到了祭祀时节，就以没有油漆雕饰的白木器皿，作为祭祀和宴饮时盛食物用的礼器，装上冬瓜、葫芦等瓠瓜的叶子，作为下酒的菜肴。

判词如下："学以知道，行以成德。谓修己不懈，则化人而有孚。甲括羽诗书，佩服忠信。谈经不同于稷下，请益其多。强学颇类于关西，发蒙斯众。既闻讲道，亦见习仪。且享以训恭，射则观德。素木瓠叶，足表献酬之教桑弧蒿矢，方昭揖逊之容。学不习而则落，礼不行而斯坏。刑而致诘，何迷邹鲁之风？习以见尤，其如城阙之刺。祭遵施之于军旅，尚不云非；刘昆列之于家庭，且未言失。古则可据，今何以疑？所谓习不违经，学无废业。告人昧识，徒效西邻之责言；在甲合仪，请遵东观之故事。"

大意是：学习而懂得道义，行动而培养品德。正所谓自我修行不懈怠，则教化他人才能使人信服。甲攻读诗书，修学益智，增进才力，敬佩忠诚和信义。谈论儒家经义不同于官办学府，如齐国的稷下学宫，学生却喜欢要求增加讲授内容。他勤勉地学习就像关西孔子杨震，教导学生从少年开始识字读书。既讲习儒家经典，又演习礼仪。而且祭祀时遵行恭敬之道，以没有油漆雕饰的白木器皿，作为祭祀和宴饮时盛食物用的礼器。以桑木制作的弓与禾秆制作的箭，举行射箭之礼，把箭靶作为修身的目标来瞄准，正是彰显揖让谦逊的仪容。学过的东西不复习就荒废了，礼仪不实行就败坏了。效法别人的做法而招致责问，为何要迷惑于邹国附庸鲁国的风气？因讲授而受到指责，就如同《诗经·郑风·子衿》对"城阙"的批评。（宋代王应麟《困学纪闻》卷三所载："春秋时，诸侯急攻战而缓教化，其留意学校者，唯鲁僖公能修泮宫，卫文公敬教劝学，它无闻焉。郑有《子衿》城阙之刺，子产仅能不毁乡校而已。"）后汉名将祭遵一生尊奉礼乐，崇尚儒学，在军中也行祭祀之礼，尚未有人说他做得不对；东汉大儒刘昆，教授弟子500多人，于家中飨食宾客，与诸侯射箭，用素木瓠叶为器皿，惧礼废缺，但足以励志，因此也无人指责他有过失。古人的法则可以考据，今人为什么要疑惑呢？正因甲的所为既不违背经义，又未荒废学业。告诉别人自己的愚昧见识，只不过是效仿孔子的西边邻居，本不知孔子的学问，却称孔子为"东家丘"；甲的行为符合礼仪，应遵照《后汉书·皇后纪》所载"诏中官近臣于东观（东汉的皇家藏书楼）受读经传，以教授宫人，左右习诵，朝夕济济"那样，予以支持。

这道判词的首句便是名言，"学以知道，行以成德"。它既指明了学习的目的，又道出了做事的目的，总之通过学习掌握了知识、懂得了道理，做事时就要真正地来体会它、践行它，以使自己逐步培养起高尚的道德来。但如今有种倾向，学习与道德相分离，往往强调学习之后的行动，是对所学知识的巩固与延伸，这原本没有错，却忽略了行动更是培养提升道德的过程。学习与道德必须"破镜重圆"，重新统一起来。绝不能学与行脱节，学是学，做归做，学、做两层皮；或者学是为了丰富嘴皮子，往往是说得头头是道、天花乱坠，做的却是另外一回事，阴暗无比、不堪入目。这就是此道判词所给予我们的有益启示。

列之绘素，目睹而躬行

　　"列之绘素，目睹而躬行"是唐代白居易《批李夷简贺御撰〈君臣事迹屏风〉表》中的名句，大意是像绘画一样将其陈列开来，让人能随时能看到而躬身实践。南宋洪迈《容斋随笔》中详细记述了此事。

　　唐宪宗元和二年（807），皇上李纯留意阅读历代典籍，采用《尚书》《春秋后传》《史记》《汉书》《三国志》《晏子春秋》《吴越春秋》《新序》《说苑》的内容，归纳出君臣行事可为借鉴者，集成14篇，并亲自作序，写于六扇屏风之上，陈列于御座右侧，展示给宰臣观看及警惕。好多大臣为此事进表称贺，翰林学士白居易奉命草拟诏书，回答李夷简以及文武百官等人的贺表。诏书中有这样的句子："取而作鉴，书以为屏。与其散在图书，心存而景慕，不若列之绘素，目睹而躬行。庶将为后事之师，不独观古人之象。"大意是说，取这些事迹作为借鉴，书写于屏风供大家观览。与其散于图书之中，只能心存仰慕；还不如像绘画一样将之陈列开来，人人能随时看到它而身体力行、躬身实践。如此能让这些历史事迹成为后世行事的指导，而不只是单独观赏古人之言行而已。白居易还说，"森然在目，如见其人。论列是非，既庶几为坐隅之戒；发挥献纳，亦足以开臣下之心"。即这些事迹时刻摆在眼前，就像看见他们本人一样。讨论所列事迹的是是非非，希望可作为大家的借鉴，发扬进言和采纳意见的风气，也足可以启发臣子的忠心。唐宪宗李纯为使自己和臣下都能做到勤政廉政，可谓别出心裁，费尽功夫，尽管他后期将制作屏风的初心丧失殆尽，荒于游玩饮宴，最终死于宦官之手，饱受诟病，但书屏风立于侧，也不失为自警自励的一种好形式。

其实，寻找为官榜样，并在官衙和官邸内以文字和绘画等形式张扬出来，求得自警自励，古而有之。据《北史》和《周书·申徽传》记载，申徽一生勤勉为政，事必躬亲，官至右仆射、骠骑大将军。申徽曾出任泛荆州地区的襄州刺史。这一地区原属南朝，刚刚归附北周，按旧日风俗，官员们相互交往都要馈赠钱财。申徽廉洁谨慎，于是就画了汉代廉吏、丞相杨震的像，并书写"天知，神知，我知，子知"的"四知"条幅，挂在自己的寝室，以自我告诫，并警示他人勿来送礼。申徽所去的襄州，官员之间交往讲究送钱送财，用现在的话说是大环境不够好，虽然史书没有写，估计申徽对此也无能为力，不足以改变这种风气，他自己却做到了清廉如玉，洁身自好。可见"四知"足畏，足以警诫自己，足以震慑贪吏。

盛唐以后，朝廷和官吏"列之绘素"的就更多了。《宋史·张田传》载，张田任广州知州后，为使自己始终保持廉洁定力，专门搞了个"钦贤堂"，绘制古代清廉刺史像悬挂其中，"日夕师拜之"。堂内的画像究竟仅仅是广州刺史中的清廉者，如晋代饮贪泉而不贪的吴隐之等人，还是泛指的那些古代清廉刺史，已不得而知；"日夕"虽在古汉语中既指傍晚又指日夜，估计张田还是每天傍晚都要拜一拜古廉吏像，以反思自己一天的行为有无不廉之处。

时至今日，很多人都会把自己喜欢的诗文或笔墨挂在墙上，或放在座位的右边、写在日记扉页上、压在办公桌玻璃板下，既当了观赏品又能时刻激励和提醒自己。当然，如此"列之绘素"只是一种形式，上墙更要上心，必须真正落实到行动上才可以。

《三国志》得以传世，范頵功不可没

　　《三国志》是一部史学名著，它与《史记》《汉书》《后汉书》合称"前四史"，在"二十四史"中占有显著的地位。《三国志》的作者陈寿，编撰该书属于私人修史，后世学者一般认为他历时 10 余年才完成。陈寿于西晋元康七年（297）去世，终年 65 岁。从《三国志》成书至陈寿去世的岁月里，这部书在官场僚友和一些文人间已经流传开来。《晋书·陈寿传》载："（陈寿）撰魏、吴、蜀《三国志》，凡六十五篇。时人称其善叙事，有良史之才。夏侯湛时著《魏书》，见寿所作，便坏己书而罢。张华（司空）深善之，谓寿曰：'当以《晋书》相付耳'。其为时所重如此。"《陈寿传》结尾的史臣论赞中，更是给予其更高的评价："自斯已降，分明竞爽，可以继明先典者，陈寿得之乎！""陈寿含章，岩岩孤峙。"即自东汉以来，称得上精明强干的，可以继承上古的典籍者，只有陈寿够资格。陈寿的著作蕴含深意，像高山一样巍然屹立。

　　尽管如此，《三国志》仍未登庙堂之上，直到范頵的一道上表，才使《三国志》得到了官方的正式认可，成为官府藏书。范頵是朝廷的尚书郎、梁州大中正（魏晋实行九品中正制选官制度，在各州设置中正、大中正，主要是依据家世、道德、才能三项标准来评议人物。一般由在中央任职的"贤有识见"者，在所在原籍州任中正官，其实是中央官的"兼职"，可推荐官员，但无权进行任免）。陈寿逝世后，范頵等上表曰："昔汉武帝诏曰：'司马相如病甚，可遣悉取其书。'使者得其遗书，言封禅事，天子异焉。臣等案：故治书侍御史陈寿作《三国志》，辞多劝诫，明乎得失，有益风化，虽文艳不若相如，而质直过之，愿垂采录。"于是诏下河南尹、洛阳令，就家写其书。即范頵等人上表说："从前汉武帝下诏令说：'司马相如病危，可派人去取回他的著作。'使者得到了司马相如遗留的书籍，内中谈到帝王祭拜天地一事，汉天子大为惊奇。臣等认为，已故治书侍御史陈寿所著《三国志》，书中多劝诫之言，阐述前人是非得失，对今世的教化大有裨益，虽然文辞不及司马相如，但质朴实在，恳请陛下采录其书。"晋惠帝于是诏令河南尹华澹、洛阳令张泓，派人携带纸笔去陈寿家抄写《三国志》，将其列为官府藏书。自此，《三国志》成为国家认可的正史，得以合法颁行于世、流布于天下，为士人诵读研习之书。如《晋书·袁宏传》载："余以暇日常览《三国志》。"

　　其实，在陈寿之前，魏、吴都已有官修的史书问世，如王沈等人撰写的《魏书》，韦曜（又名韦昭）撰写的《吴书》，还有私人（鱼豢）著的《魏略》等书。这些著述，一是写得不够好，赶不上《三国志》。如《晋书·王沈传》载："（王沈）与荀颛、阮籍共撰《魏书》，多为时讳，未若陈寿之实录也。"二是更主要的，是没有得到官方的认可。随着时间的推移，这些记录三国历史的著作，都相继泯灭消失。只有裴松之为《三国志》加注时，引用到上述著作中的些许文字得以保留下来。而《三国志》作为朝廷钦定的正史，一直流传了下来。

看来，范頵这个大中正还真是称职，只不过推荐的不是官员，而是官员所著的史书，是足以永久流传的经典之作《三国志》。

裴松之的"注"烘托起了赵云的完美形象

在国人的心目中，赵云的形象是完美高大几无瑕疵的存在。然而，这并不能全归功于《三国志·赵云传》，应记功于《赵云别传》即《云别传》上。但《云别传》既不知为何人所著又早已失传，是南朝宋裴松之在为《三国志》加注时为《赵云传》引用了多处《云别传》的内容，将一个活灵活现的三国英雄人物，呈现给了广大读者。陈寿《赵云传》本身只有约465 字，而裴松之注入《云别传》的内容竟达约 1470 字，是原传的三倍之多。可以说，是裴松之为国人烘托起了赵云的高大形象。

赵云身上的美德众多，战绩显赫，但《赵云传》只记载了很少一部分，大部分都出自裴松之引用的《云别传》。如原传记载的只有赵云在长坂单骑救主、截江夺阿斗以及在汉水之战中的表现等，内容较少，且文字略显简练，平铺直叙，很少渲染，让人感受不到赵云应有的神勇与威武。当然，这也正是陈寿写作《三国志》务求实录的长处所在，也体现了其驾驭语言文字的深厚功底。《晋书·王沈传》载：

"（王沈）与荀颛、阮籍共撰《魏书》，多为时讳，未若陈寿之实录也。"

裴松之的《赵云传》注，大致上列举了赵云十件事：一是赵云与刘备同床共卧；二是刘备于长坂坡之战失利后，说"子龙不弃我也"；三是赵云攻破桂阳城后，坚持不娶降将美嫂；四是对于同乡降将夏侯兰，避嫌"不用自近"；五是与张飞共同截江夺阿斗；六是取成都后，建议刘备不分田地房产给众将；七是与曹军大战之后，刘备视察赵云军营地，赞子龙"一身都是胆"；八是摆透道理，力劝刘备不要伐吴；九是北伐后虽所部无损失，但考虑到蜀军整体失利，坚决不受诸葛亮的赏赐；十是姜维谏后主，为赵云追谥顺平侯。而且，对这十件事，每件都细细道来，有人物，有语言，有背景，有过程，细节跃然纸上，画面栩栩如生，人物动感十足，让人读了就能记住，即便是放下了书本，赵云的英雄形象也会时时闪现在脑海中，久久不能忘却。人们阅读裴松之为《赵云传》所加之注，自然就能勾勒出赵云的四大特质，即英雄虎胆、智勇双全、富有远见、做人谨慎。至此，赵云的完美形象算是牢牢地立在了史上，也牢牢地立在了国人的心中，且永远不会有丝毫的褪色与改变！

通观裴松之的《三国志》注，字数虽略少于《三国志》原著，但引用的书目达 240 部之多，加注的条目有 2300 多条，好像只有 20 多人的传记未加注，其他的传记都有加注的条目，为《三国志》增色添彩了许多。所以，当今的人们都习惯将《三国志》称为陈志裴注《三国志》。我认为，裴松之为《三国志》人物加注最成功、在后世影响最大的传记当数《赵云传》。当然，是否认同此点，还是由读者见仁见智吧。

穿壁偷光成被告

西汉匡衡凿穿墙壁引邻舍烛光读书，历来为人们所称颂，此事迹演变为成语"凿壁偷光"后，更是被用来形容家贫而读书刻苦的学子。而唐代一位叫郗珍的学子，虽与匡衡的行为一样却被当成窃贼，险些吃牢狱之苦，幸亏遇到一位好县令，才得以免遭"论辜（论罪）"。

《全唐文》260 卷载，唐代武后朝期间，官至河阴令后升为户部外郎的康廷芝，曾判过一起案件，判词为《求邻壁光判》，全文只有90 多个字，却旁征博引，借古喻今，以理服人，以情感人，犹如散文诗，更似人物传记，文采洋溢，婉丽精致。不妨欣赏一下原文："郗珍性好读书，家贫，邻家富，乃穿邻壁取烛光。邻告为盗。"即有个叫郗珍的人，从小酷爱读书，但家境清贫。邻居是一位富户，郗珍凿壁取光夜读，富家主人发觉后，告官指控郗珍破壁偷盗。

判词如下："郗珍荷衣横带，缉柳编蒲，有贱赢金，将希片玉。南都自富，北郭实贫。殊谢梁鸿，不求因热；乃如苏季，愿借余光。已接武于匡衡，方齐踪于宁越。室仞非邃，未窥夫子之墙；纺绩可兼，辄凿邻人之壁。情非窃伏，事涉穿窬。抑有前闻，宜征故实。从按记过，不合论辜。"

此判词提到了四位古人的事迹，一是梁鸿。《后汉书·逸民传·梁鸿》载：东汉梁鸿，家贫好学，不仕，与妻孟光隐居霸陵山中，以耕织为业。后避祸去吴。居人庑下，为人舂米，归家，孟光为之备食，举案齐眉，世传为佳话。二是苏秦，字季子，"读书欲睡，引锥自刺其股，血流至足"，后成为战国时期著名的纵横家。三是匡衡，不再赘述。四是宁越。《吕氏春秋》载："宁越，中牟之鄙人也。苦耕稼之劳，谓其友曰：'何为而可以免此苦也？'其友曰：'莫如学。学三十岁则可以达矣。'宁越曰：'请以十五岁。人将休，吾将不敢休；人将卧，吾将不敢卧。'十五岁而周威公师之。"后来"宁越"之名成为发愤读书寒门子弟的代称。

判词的大概意思是说，郗珍家贫，白天披着衣衫，扎着腰带，操劳度日，自得其食。夜晚发愤读书，孜孜不倦。如同西汉人路温舒取山泽中的蒲草做纸抄书，东汉人孙敬把柳枝穿成简札写字那样，勤学苦读。郗珍非贪财之人，穿壁只是想得到一线光亮而已。南边的邻家富裕，北边的自家贫穷。不求在家能吃上热饭，只求能得到一束亮光读书。他不像梁鸿那样孤傲，而学苏秦勤奋苦读，其所为已经接近于匡衡、宁越。室虽贫而学问精深，高不可攀，令人向往；穿邻家墙壁偷光，其性质无害于邻家，不是私下翻墙头或钻墙洞的盗窃行为，既没有行窃的情状，也没有犯案的可能。以前就有匡衡的典故，应按历史的做法与经验来办理此案。只需记录在案，不应以偷窃论罪。

此判词被收入宋代翰林学士李昉等人编辑的《文苑英华》之中，这个集子收录了大量唐代判词，且侧重于从文学的角度选取判文。所谓"英华"，即文章中的精华，录入书中的判词，可谓判词中的精华。可以说，康廷芝的《求邻壁光判》，堪称千古佳判。

"唐以前文，咸萃于此焉"

　　"唐以前文，咸萃于此焉"，即唐代以前的文章，全汇集在这部书中。此语出自《清史稿·严可均传》，是对其编辑的巨著《全上古三代秦汉三国六朝文》的赞语。严可均，字景文，是清代嘉庆年间的著名学者、文献学家、藏书家，官至建德县教谕，大致相当于今天的县教育局局长，后以病辞归，专心撰述。

　　嘉庆十三年（1808），朝廷组织学者编辑《全唐文》。严可均因已辞官在家，未能参与其中，他既觉得非常遗憾，又认为唐代的文章既多且佳，官方既然已经组织专员编辑，而唐以前的文章，也需要编辑一部全面的总集。他认为这项工程规模浩大，也非常重要，"是余之责也"，于是便开始起草初稿，遍阅皇家藏书、民间私人收藏之书、石径上的文字以及四方偏远之国的书籍、佛道之书等。收集的文章起自上古（一般指夏朝以前的时代），止于隋朝，不管是皇皇巨著，还是简短的散见于诸书中的只言片语，无不尽收。"一字一句，稍有异同，无不校订。一手写定，不假众力。"为了著述，他不惜重金购书，周游四方，遇稀有之书，必抄写或购买，建藏书楼"四录堂"，藏书至 2 万余卷。又翻检当时诸家藏书目录，以至石刻本、释道藏，无不翻览。全书共收集作者 3497 人，为每位作者编辑小传，按朝代全书编为 15 部分，分别是上古三代（夏、商、周）、秦、汉、后汉、三国、晋、宋、齐、梁、后周、陈、隋、后魏、先唐、北齐，共 746 卷。历经 9 年完成初稿，又经 18 年的拾遗补缺，前后历经 27 年，严可均终于完成这部巨著。

严可均在《全上古三代秦汉三国六朝文·总叙》中称："（此书）挚五厄（指自秦始皇至梁元帝萧绎，导致书籍被焚毁的五次厄运）之散亡，扬万古之天声。唐已前文，咸萃于此，可缮写。"即集五厄散佚之文，传万世不朽之经典。唐以前之散文，全汇录于此，后世喜好者可以此为资。严可均在世时和去世之初，也有人以及出版商欲刊印此书，但由于各种原因未能成功。严可均的后人只好任这部巨著的手稿随意流传。

光绪十二年（1886，距严可均完成书稿已 50 多年之久），张之洞任两广总督，创办广雅书局，曾任过朝廷礼部主事的王毓藻作为运使在书局任职。王毓藻了解到广东潮州知府、大藏书家方功惠（号柳桥），曾以 500 金购得严可均的原稿，借阅之后确认是严可均的真迹，便急切地想让此书面世传播，于是请求总督倡议众官员捐献廉俸（指官员捐献正俸之外的养廉银），用以刻印此书。获准后，广雅书局的几位提调与王毓藻一同负责勘定刊刻此书。历时 8 年，这部《全上古三代秦汉三国六朝文》终于完成印制，史称"王刻本"。王毓藻还为其作序，称"今而后考唐以前著作者，庶几大备。而历代之化成，亦灿然可观矣"。即自今而后的学者考察唐以前的文章，观此书差不多就足够了。历代之教化思想，在书中也明白可观矣。序言中也详细介绍了刻印过程。至此，这部巨著才免于亡佚，得以流传于世，成为中华典籍众星中的一颗。

一首有着特别意义的唐诗

"诗佛"王维，人们对其再熟悉不过了。他的诗作，以清新淡远、自然脱俗的风格著称，创造出了一种"诗中有画，画中有诗"以及"诗中有禅"的意境。"以诗名盛于开元、天宝间。"王维一生写了大量诗篇。《旧唐书·王维传》载，唐代宗李豫在位时，王维弟王缙为宰相。唐代宗曾问王缙，王维写有多少诗篇？王缙答道："臣兄开元中诗百千余篇，天宝事后，十不存一。"现能有"四百余篇"。《全唐文》中收录王维诗 405 篇，与本传所载吻合。

在王维如此众多的诗篇中，有好多代表作名句迭出，千百年来，为人们所传诵不衰。如《九月九日忆山东兄弟》："独在异乡为异客，每逢佳节倍思亲。遥知兄弟登高处，遍插茱萸少一人。"如《送元二使安西》："渭城朝雨浥轻尘，客舍青青柳色新。劝君更尽一杯酒，西出阳关无故人。"又如《相思》："红豆生南国，春来发几枝？愿君多采撷，此物最相思。"

然而，王维诗作中有着特别意义的尤其是对他自己来说非同小可的，竟是其在狱中所作，全诗只有 28 个字，题目竟有

39个字，这在唐诗中十分罕见。

王维于唐玄宗天宝年间，官拜吏部郎中、给事中。天宝十五载（756），安禄山叛军攻入长安，唐玄宗仓皇逃往四川，王维与许多官员都因来不及逃离而被俘。被俘后，王维曾故意吃药，假称患有痢疾，以逃避麻烦。但因其诗名太大，安禄山还是派人将他接到洛阳，拘禁于菩提寺中，硬委任其为伪朝给事中。其间，王维的好友裴迪辗转前来寺中探视。裴迪，史书中并无传，只在王维传中有所记载，王维晚年"与道友裴迪浮舟往来，弹琴赋诗，啸咏（歌咏）终日"，看来王维与裴迪是一生的好友，因此裴迪能在王维最痛苦无奈之际，历尽艰辛前来禁中探望。从两人的谈话中，王维得知，安禄山大宴凝碧池，逼迫原唐宫乐人表演节目，有个乐工摔碎乐器拒演，面向西面哭泣，被叛军肢解而死。王维悲痛至极，随即秘密地吟诗一首，即为《菩提寺禁，裴迪来相看，说逆贼等凝碧池上作音乐，供奉人等举声便一时泪下，私成口号诵示裴迪》："万户伤心生野烟，百官何日再朝天？秋槐花落空宫里，凝碧池头奏管弦。"这首诗大意是，千家万户都为满城荒烟感到悲惨，百官什么时候才能再次朝见天子？秋天的槐叶飘落在空寂的深宫里，凝碧池头却在高奏管弦宴饮庆祝！这首诗是动乱时代的实录、苦难心灵的低吟，诗人信佛又陷身贼囚，全诗虽然没有用激烈的词语大胆斥贼，却充溢着亡国的悲痛和思念朝廷之情。

至德二载（757）唐军收复长安、洛阳两京，唐肃宗李亨返还长安，王维与其他陷贼被授予伪职的官员，均被收押狱中，随后押送到长安都将被以六等定罪，即处以杀头、坐牢或流放等刑罚。而被好友裴迪传出去的这首"凝碧池诗"，在唐肃宗皇帝所驻之地广为流传，因这首诗所抒发的亡国之痛和思念朝廷之情深得唐肃宗的嘉许；又加上王维弟弟王缙平乱有功，请求削去官职为兄赎罪，所以王维最终得到朝廷的特别宽恕，由原职降为太子中允，三四年后，又升为太子中庶子、中书舍人、给事中，并升任官居四品、握有实权的尚书右丞。王维的别名"王右丞"就是由此而得的。这是王维一生所任过的最高官职，也是最后所任之职。在唐代众多的诗人中，王维的官阶还是比较高的。这一切应该都得益于王维的那首禁中"囚诗"。王维于乾元二年（759）去世，得以善终。

祖孙三代翻译汉文典籍不间断

　　清代前期的进士阿什坦，精通满文与汉文，官至刑科给事中，一生坚持翻译汉文经典，被康熙帝称为"我朝大儒"。且其儿子、孙子祖孙三代无不兼通满汉文字，都先后主持过朝廷译书事项，长达三四十年之久，这在清朝历史上是绝无仅有的。

　　清入关后的第一位皇帝顺治帝（清世祖）和入关后的第二位皇帝康熙帝（清圣祖），都发愤阅读汉文书籍，深受汉文化熏陶，对儒家"以文教治天下"领悟颇深，推行"崇儒重道"的文化政策。出于"文化整合"的现实需要，朝廷高度重视汉籍汉书满译事业，大力组织编撰汉文书籍。正是在这一大背景下，阿什坦祖孙三代有了施展才华之地。

　　阿什坦一生都在翻译汉文著作，并著有《大学中庸讲义》等著作。《清史稿·阿什坦传》载："（阿什坦）翻译《大学》《中庸》《孝经》诸书，诏刊行。阿什坦上言：'学者宜以圣贤为期，经史为导，此外无益杂书当屏绝。'……俱报可。""圣祖召问节用爱人，对曰：'节用莫要于寡欲，爱人莫先于用贤。'圣祖顾左右曰：'此我朝大儒也！'"

阿什坦风骨卓然，不趋炎附势，不收贿赂，并精心教育后代。当时鳌拜专权数年，士人争相攀附。鳌拜胞弟穆礼玛都统的妻子，是阿什坦的妹妹。穆礼玛向鳌拜举荐阿什坦有贤能，鳌拜令阿什坦前来拜见一面，他始终避不前往。"鳌拜专政，欲令一见，终不往。"有人向阿什坦贿赂3000两白银，嘱托有事要与穆礼玛商谈，阿什坦呵斥驱逐之。阿什坦曾经训诫儿子，学习应当亲身去实践，你们讲一分道理，比不上亲身去实践一分；你们千万不要借着公事来谋取私利，我没有什么特别的方法或准则，只是做了三十年的官吏，从不迎合讨好有权有势的人，也不随意收受不合道义的钱财，你们应当以我的这种做法为准则去行事。

正是在阿什坦的言传身教之下，他的两个儿子鄂素、和素都子继父业，成长为著名的汉文翻译家。鄂素早亡，由留保抚养其子，也就是阿什坦的孙子（完颜）留保，留保曾"以掌院学士充《明史》总裁"。和素官至内阁侍读学士，担任翻译房总管，一生译著颇丰，主要有《左传》《黄公石素经》《三国志》《资治通鉴纲目》《西厢记》《菜根谭》等书籍。有学者称，圣祖皇帝的好多皇子均由和素主教满文及汉文；全部经书均由和素主持翻译。和素被誉为最富有才能的满族翻译家之一，教授皇子多年，谦谨俭约，敦厚诚实，备受称赞。和素之子白衣保也任过翻译房主管，长期从事汉文典籍的翻译工作。

阿什坦家族三代人，坚持不懈地翻译汉书经典，为汉文化尤其是儒家文化在清朝前期的广泛传播，为满族与汉族的文化融合做出了巨大贡献。客观上有效建立了满、汉民族之间的联系，促进了民族交流，帮助统治者实现了"以译求同求稳直至求治"的基本目的，巩固了朝廷的统治。正是有像阿什坦那样的一代又一代人的坚守与坚持，中华文化才得以在各族人民心中扎牢根基，才得以经久繁荣灿烂而永不凋谢！

百年传承好家风

　　南宋著名文学家洪迈，号容斋，官至翰林院学士、光禄大夫，著有《容斋随笔》，在卷四中有篇《温公客位榜》。全文如下："司马温公作相日，亲书榜稿揭于客位，曰：'访及诸君，若睹朝政阙遗，庶民疾苦，欲进忠言者，请以奏牍闻于朝廷，光得与同僚商议，择可行者进呈，取旨行之。若但以私书宠谕，终无所益。若光身有过失，欲赐规正，即以通封书简分付吏人，令传入，光得内自省讼，佩服改行。至于整会官职差遣、理雪罪名，凡干身计，并请一面进状，光得与朝省众官会议施行。若在私弟垂访，不请语及。某再拜咨白。'乾道九年，公之曾孙伋出镇广州，道过赣，获观之。"

　　说的是：司马光当宰相时，亲自写了张告示，张贴在会客之处，说："来访诸君，倘若看到朝政有失、百姓疾苦，想提出中肯意见的，请用奏牍上奏朝廷，我和同僚们商议，选择可行的进呈皇帝，经皇帝批准，即刻施行。如果只是把事情私下告知给我，终究无益。倘若我个人有过失，要给予批评指正，就请用密封书信交给吏员，让其传给我，我好反躬自省，真诚改过。至于处理官职的委派、平反罪名等，凡牵涉本人的，都请送来状纸，我好和朝廷的众官商议施行。如果是私下访问我家，请勿谈及公事。司马再拜禀告。"宋孝宗乾道九年（1173），温公的曾孙司马伋出镇广州，路过赣州，洪迈时为赣州知府，有幸看过此榜文。

　　简言之，上述榜文就是告知来访者，不许在自己的私宅中跟自己谈论任何公事及任何私事，以堵塞心术不正之徒请托送礼行贿之路。因为送礼行贿请托走私之事，多发生在私人往来之中。如能严把私下会面的关口，官员之间拒绝或尽量少搞私人会晤，就等于把送礼行贿者从空间上挤了出去，使其没有了办坏事的机会。笔者今天在为司马光点赞的同时，更是感慨司马光的嗣孙司马伋，在司马光去世（1086 年）近百年之后，于 1173 年手中仍完好地保留着司马光的这份"榜文"，且在哪里任职就把它带到哪里，真可谓优良家风百年传承，以至于洪迈才能见到它，并将其写进《容斋随笔》书中，后世人们也才能得以欣赏到这一佳作，从而一睹司马光拒绝私访、廉洁从政的果敢姿态。

　　司马光的后人多是才能出众的杰出人物，尤其是到了南宋，在复兴和救国图存的过程中，他们多是主战派，都以忠义著称。司马伋是朝廷钦定的司马光嗣孙，曾任建康总领、吏部侍郎泉州知府等职，所交皆天下名士，尤与陆游交谊深厚。他继承了司马光家族的荣耀，在从仕后，广泛搜集整理司马光遗稿并刊行之，对发现有盗用司马光之名刊印的书目，立即进行制止。《宋史》卷二十一《宋高宗十四》载："司马伋言'建州近刊行书，曰《司马温公记闻》，其间颇关前朝政事。缘曾祖平日论著，即无上件文字，显是妄借名字，售其私说。伏望降旨禁绝。'诏委建州守臣将不合开板文字尽行毁弃，侅特迁一官。"《宋史》卷二百三十二《秦桧传》载："时司马侅遂言《涑水纪闻》非其曾祖光论著之书。"今天我们得以看到司马光的诸多文稿与著述，司马侅功不可没。可以想象，司马侅一定是继承了其曾祖廉洁从政的好传统，不在私宅会客，更不许客人到私宅来谈论任何公事与私事，不给心术不正之人以可乘之机。不然，要怎么解释司马侅到哪里任职都要带上司马光的这份"榜文"呢。

三国众多武将手不释卷

　　《三国志·关羽传》裴松之注引《江表传》载："羽好《左氏传》，讽诵略皆上口。"关羽熟读《左传》，已经达到了炉火纯青、倒背如流的程度。对此，国人可谓无人不晓。

　　三国时代英雄辈出，谋臣战将如云，其中不乏酷爱读书、手不释卷的武将。《三国志》中就有七八位这样的武将，他们武功过人，战功卓著，独当一面，都堪称各自营垒的名将。今天不再去细说他们的辉煌战绩，专门讲讲他们是如何身在军旅却手不释卷的。

　　蜀汉的另一位学者将军，是三国后期的名将王平。《三国志·王平传》载："平生长戎旅，手不能书，其所识不过十字，而口授作书，皆有意理。使人读《史》《汉》诸纪传，听之，备知其大义，往往论说不失其指。"即王平生长在军旅中，不会写字，所认识的字不超过十个，但他通过口授让别人记下来的书信，全都既有文意又有条理。他让人给他读《史记》《汉书》中的本纪和列传，听了以后，完全知道其中大意，议论时往往不失其主旨。他在多年的征战中屡立殊勋，终于由底层的

141

军官，一跃成为蜀汉镇守北大门——汉中的主将。时人有"南有马忠，东有邓芝，北有王平"之说。

提及东吴的学者型将军，当首推吕蒙。"士别三日，即更刮目相待"便出自吕蒙之口。这句话是说与人分别数日后，就应当擦亮眼睛重新看待他的才能。其出处是《三国志·吕蒙传》裴松之注引《江表传》，讲的是，鲁肃原本瞧不起吕蒙，接替周瑜赴任途中，与吕蒙有过一次交谈，吕蒙频频为鲁肃出谋，以对付虎踞荆州的关羽，鲁肃不由大吃一惊，拍着吕蒙的后背说：你今天的才识智略，已不是当年的"吴下阿蒙"。作为回答，吕蒙便说了那句流传千古的名言。吕蒙年轻时不好读书，每当陈述大事，常常是口授其事，由人记录作成奏折，在东吴也就是一介勇夫而已。后来，孙权找吕蒙谈话，要他多读书。从此以后，吕蒙发愤读书，立志不移，所读书目之多，往往儒士学者都比不了。他很有国士风度，迅速成长为一位有谋略的将军。孙权曾评论：吕蒙年轻时也就是果敢有胆量罢了，后来是学问开拓了他的智慧，而后奇谋高策便不断而来，可以说仅次于周瑜，而超过鲁肃。

东吴类似吕蒙的将领有很多。《三国志·鲁肃传》裴松之注引《吴书》曰："（鲁肃）虽在军旅，手不释卷。又善谈论，能属文辞，思变弘远，有过人之明。"又如东吴丞相陆逊的族侄陆凯。《三国志·陆凯传》载："（陆凯）拜建武都尉，领兵。虽统军众，手不释书。好《太玄》，论演其意，以筮辄验。"即陆凯被任命为建武都尉，统领部队兵众，却仍手不释卷。尤其喜欢扬雄所著的《太玄》，并且论述推演其中的含义，用来占卜吉凶总是很灵验。

曹魏阵营中好学的武将也不少。《三国志·李典传》裴松之注引《魏书》载："（李）典少好学，不乐兵事，乃就师读《春秋左氏传》，博观群书。"与关羽一样，李典也嗜好《左传》。本传还记载："典好学问，贵儒雅，不与诸将争功。敬贤士大夫，恂恂若不及。"即李典从军后爱好学问，崇尚儒雅，从来不与别的将领争抢功劳，又尊敬贤士大夫，生怕自己有礼节不周的地方。

夏侯惇从小就勤奋好学，酷爱读书，长大后虽然常年生活在军中，但是一天也没有放下书本，几乎是手不释卷，总是抽出时间来读书，是曹操军中的儒将，堪称文武双全。《三国志·夏侯惇传》载："惇虽在军旅，亲迎师受业。"即夏侯惇虽然身在军队中，却亲自迎请老师给自己讲课。

三国后期的曹魏名将张郃，被魏明帝赞为与东汉儒将祭遵齐名。祭遵身为武将，却笃好儒学，他选拔人才全用儒术，连饮酒时的娱乐，也只用儒家的"雅歌投壶"（指吟雅诗作投壶游戏）。《三国志·张郃传》载："郃虽武将而爱乐儒士，尝荐同乡卑湛经明行修，诏曰：'昔祭遵为将，奏置五经大夫，居军中，与诸生雅歌投壶。今将军外勒戎旅，内存国朝。朕嘉将军之意，今擢湛为博士。'"即张郃虽身为武将，但喜欢儒士，曾经推荐同乡卑湛通晓儒经、行为端正。明帝下诏："从前祭遵任将帅时，奏请设置五经大夫，在军中，经常和儒生做雅歌投壶的游戏。现在将军在外统率军队，内心却惦记着朝廷的事。朕赞赏将军的美意，现在提拔卑湛为博士。"张郃还贡献了一句人们耳熟能详的成语"屈指可数"。本传载，当诸葛亮又一次北伐急攻陈仓时，魏明帝很担心，诏张郃率军迎战，问张郃："等你到达，诸葛亮会不会已经攻下陈仓了？"张郃道："比臣未到，亮已走矣；屈指计亮粮不至十日。"即臣还未到时，诸葛亮就已经退兵了；屈指计算诸葛亮的粮食，不够 10 天的。结果真如张郃所料，魏兵进军到南郑时，诸葛亮已退走。后来"屈指计数"就演变为成语"屈指可数"了。

名副其实的"醉书斋"

《中国历代古文精选》载有郑日奎的《醉书斋记》一文。此文是一个书痴描写自己是如何神魂颠倒地沉湎于读书之中的。整个读书过程，好像漫不经心而又极其专注，读书俨然已成为深入骨髓的一种癖好，呈现出如醉如痴、妙不可言、美不胜收的境界。看来，读书也不见得非要达到立言经邦的远大目标，只要足够热爱、持久坚持就成。

郑日奎，字次公，号静庵，考中进士，官至礼部郎中，所写文章质朴简古、直抒所见，在清代文坛自成一家，著有《静庵文集》。《醉书斋记》共有三段，首段描绘了书斋的自然状况：在堂屋左侧收拾干净一间屋子作为书斋，明亮的窗户，洁白的墙壁，很安静。摆放了两张几案，一张放笔墨，一张放置香炉茶碗等。一张竹床，用来坐；一张大榻，用来躺卧。还摆放了书架和书筒各四个，古今的书籍都存放在里边。琴棋、笔墨纸砚和箫笛等器物，也都交错摆放在旁边。

次段是该文的主体，写作者读起书来如醉如痴、忘记吃喝、忘记睡觉、冷落客人、不顾家事等情状。郑日奎早晨刚起床，不及戴帽子便拂去几案上的灰尘，把水倒进砚台里面，研磨好墨和丹砂、铅粉，将笔蘸满墨汁做好准备。随意抽出一卷书，靠坐在案边读起来。一会儿读到自己有领悟的地方，就提笔在纸上尽情批注，书上的字迹大半因此而看不清楚了。有时候唱起歌来，有时候发出感叹；有时候大笑，有时候哭泣；有时候生气痛骂，有时候郁闷得要死；有时候大声叫嚷口称痛快，有时候连连惊叹感到诧异；有时候躺着静静思考，有时候起身一阵乱跑。看见这些情景的仆人都感到害怕惊讶，猜不出他是什么意思，于是偷偷地议论，等到他渐渐平静下来，才散开离去。

读书入迷根本就顾不上吃喝和睡觉了。婢女送来酒和茶，郑日奎都想不起来喝。有时候不小心碰到，打翻后弄湿了书本，就很生气地责骂，后来婢女就不再端来了。有时候过了时间他还没有吃饭，也没有人敢上前请他去吃。只有妻子有时通过门帘观察他，找到间隙才走进来，说："时间已经是正午了，可以吃饭了吗？"他答应了，但妻子出去后，又忘掉了。汤、肉都凉了，多次拿去重新加热等着他去吃。等到去吃饭仍然带着一本书一道前往，边吃边看，汤和肉即使凉了，或者味道都快变了，也不察觉。甚至有时误用一双筷子在读的书上乱点画，过了许久才醒悟过来不是笔，妻子及婢女们没有不偷着笑的。晚上坐着读书常常到午夜，回头看仆人，没有人在旁边，一会儿身边鼾声震响，起身一看，他们都散乱地睡在地上了。

有客人来访也都忘记接待了。有客人前来看望郑日奎，名帖送进来后，碰上他正在阅读书籍，没有立即出去见面。客人等久了，就非常生气责骂起来，或者要回他的名帖，作者都不知道。

　　家事更是顾不上管了。家里的盐米等琐碎事务，都是妻子掌管，很有秩序，因此郑日奎没有什么顾忌和忧虑，读书的嗜好越来越怪癖。

　　最后一段文采飞扬，不妨直录如下："他日忽自悔，谋立誓戒之，商于内子。内子笑曰：'君无效刘伶断饮法，只赚余酒脯，补五脏劳耶？吾亦惟坐视君沉湎耳，不能赞成君谋。'余怅然久之，因思余于书，洵不异伶于酒，正恐旋誓且旋畔；且为文字饮，不犹愈于红裙耶？遂笑应之曰：'如卿言，亦复佳，但为李白妇、太常妻不易耳。'乃不复立戒，而采其语意以名吾斋，曰'醉书'。"

　　这里涉及好几个典故。如"刘伶醉酒"：刘伶喝酒过多得病，还很想喝，向他的妻子要酒喝。妻子倒了酒、毁了酒器，哭着劝说道："您喝得太厉害了，这不是保养身体的办法，一定要戒掉它！"刘伶说："很好。我不能自己克制，只有在鬼神面前祷告发誓才能戒酒，你可以准备一些酒肉作供品。"妻子说："照您的话办吧。"她就把酒肉供在神像前，请刘伶祷告发誓。刘伶跪着祷告说："天生我刘伶，凭喝酒出名，一次喝一斛，五斗除酒病。妇人家的话，千万不要听。"说完便拿过酒肉吃喝起来，一会儿就又醉倒了。又如"李白妇、太常妻"：李白有首《赠内诗》："三百六十日，日日醉如泥。虽为李白妇，何异太常妻。"此诗是李白酒醉后所写，引用东汉周泽的典故，以太常妻比自己的夫人，嫁给自己，却天天空闺寂寞，像太常妻一样守活寡。《后汉书·周泽传》载，周泽官拜太常，为政清廉，循规蹈矩，"尽敬宗庙"，常带病坚持在寺庙中斋戒。他的妻子可怜他年老多病，进去问他有什么不舒服。周泽大怒，认为妻子触犯斋禁之规，就收捕她并送至牢狱表示请罪。"时人为之语曰：'生世不谐，作太常妻，一岁三百六十日，三百五十九日斋。'"都说周泽不近人情，难为其妻。

这一段说的是，郑日奎有一天忽然自己悔悟了，打算发誓戒掉痴迷读书的习惯，就同妻子商量。妻子笑着说："你不会是仿效刘伶戒酒的方法，只不过是要骗得我的酒肉，弥补五脏的辛劳吧？我能忍受你沉湎在书中，不能帮助你实现你的这个打算。"郑日奎很失望，不高兴了很久，于是想到自己对书，确实同刘伶对酒没有区别，正担心刚发誓随即就要违背；况且自己嗜好的是文字，不仍然比沉溺于女色好吗？于是笑着回答妻子说："像你说的那样也是很好的，只是做李白和周太常的妻子不容易啊！"于是不再立即戒除，而是采用妻子的语意来为自己的书斋起名，叫作"醉书斋"。

"列画东观"劝众人

"东观"，位于洛阳南宫的上东门，始建时间不详，大致在汉明帝刘庄或汉章帝刘炟时期。整个建筑高大华丽，是东汉宫廷中贮藏档案、典籍和从事校书、著述及近臣习读经传之地，更是修撰史书的主要处所。

自汉明帝时起，由班固、刘珍、李尤直至东汉末年的蔡邕等众多名儒学者，先后奉诏于东观修撰本朝国史，且累朝增修，广泛采用本朝档案资料，陆续编撰成有 140 多篇的纪传体史书，记录了东汉从汉光武帝至汉灵帝一百五六十年的历史。由于此书修撰于东观，故命名为《东观汉记》。

在三国和晋代，《东观汉记》很流行，与《史记》《汉书》统称"三史"。后遭董卓之乱，汉宫及东观惨遭焚毁，当然众多典籍与《东观汉记》也损毁严重，以致今人已看不到《东观汉记》的全貌，只能读当今学者从众多典籍的零星记载中，找寻到的该书文字的辑本。这不能不说是一大憾事。

在"东观"还有一项重要规矩，那就是"列画东观"。从汉明帝时起至汉灵帝时，即 58—184 年，在长达一百五六十年的时间里，一直都坚持为在东观撰史之优秀者及在各自的岗位、领域中做出卓越成就的人物画像，然后将画像悬在东观，供人观瞻。作为官员或学者，能被"列画东观"，当然是一件非常荣耀的事情，朝廷也借此对被画像者追功记德，以利教化，以劝众吏。

《后汉书》《华阳国志》等典籍记载了多个这方面的事例。早期被"列画东观"的是清廉无比的郑纯。《华阳国志·广汉士女》载："（郑纯）为益州西部都尉。处地金银、琥珀、犀象、翠羽出，作此官者皆富及十世，（郑）纯独清廉，毫毛不犯。夷汉歌叹，表闻，三司及京师贵重多荐美之。（汉）明帝嘉之，乃改西部为永昌郡，以（郑）纯为太守。在官十年，卒，列画颂东观。"

在汉安帝时期，因卓越战功被"列画东观"的人数是最多的。《华阳国志·蜀郡士女》载，永初中年（110年前后），越巂、永昌的夷人谋反，聚众10万攻破郡县。刺史张乔认为杨竦勇猛，授其为从事，率兵前往南中平叛。杨竦先以诏书告喻，夷人不服，遂斩杀叛众3万余人，俘获上千人，缴获财物4000万，很快平定了南中之乱。杨竦去世后，"（张）乔举州吊赠，列画东观"。

《华阳国志·汉中志》载，永初四年（110），羌人谋反，汉中主簿段崇"与门下史王宗、原展及崇子勃、兄子伯生，力战捍（郑）廑（汉中太守），并命"。即段崇等人与羌人死战，欲救出郑廑，但终因寡不敌众，段崇等人皆战死。功曹程信"乃结故吏、冠盖子弟严孳等二十五人，誓志报羌"。元初二年（115），羌人又叛乱。程信等率领士卒，奋力讨伐，大破夷人。

程信身上八处受伤，其所属将士多人战死。自此后，羌人再也不敢反叛。"五年（118），天子（汉安帝）下诏，褒叹（程）信、（段）崇等，赐其家谷各千斛，（王）宗、（原）展、（严）孳等家谷各五百斛。列画东观。"

从以上记载看，汉安帝在不到 10 年的时间里，就诏令将程信、段崇、王宗、原展、严孳等人的画像，悬于东观。当然，因学经文章被"列画东观"，"以劝学者"的肯定不在少数，可惜典籍中记载得并不多。《华阳国志·广汉士女》载："东观郎李胜，文章士也，作诔，方之颜子。列画学官。"这里的学官，是否也是东观，已不得而知。《后汉书·高彪传》载：高彪被郡举孝廉，试经术第一。授郎中，校书东观，多次上奏赋、颂、奇文，借事讽谏，得到汉灵帝的赞赏。"后迁外黄令，帝敕同僚临送，祖于上东门，诏东观画（高）彪像以劝学者。"即高彪后来升外黄令，汉灵帝令同僚去送别，设酒于上东门，诏令东观画高彪像以劝勉学者。

"列画东观"，有点儿像当今的研究院、高等学府或军营，悬挂学术名流、英模人物画像，供人们景仰效法一样。看来，我们的先人早在近 2000 年前，就找到了较为恰当的载体，来大力宣扬和学习典范人物，这类举措真是彰显了国人满满的文化自信啊！

《三国志》中只言片语说服人的趣事

  《三国志》里描写善说的故事不少，言辞都非常精彩，仅蜀汉就有赤壁大战之前，诸葛亮赴东吴，说服孙权与刘备联合抗击曹操事迹；夷陵大战后，又有蜀使邓芝说服孙权与蜀汉重归于好的逸事。书中更是记载了很多只用只言片语，就成功说服他人甚至说服主公的事例，读起来颇具趣味，细想来也很受启发。

  常见的劝说方法是先立一个人人皆知的错误当靶子，在不失幽默中成功地说服别人。简雍劝说刘备废除恶法重罚，对于当世来讲功德无量，对后人也很有启发。《简雍传》载，简雍和刘备是发小，后来又常常担任刘备的说客，承担往来联络的使命。有一年益州大旱，粮食收成不好，于是刘备就下令禁止用粮食酿酒，凡酿酒者一律定罪。官吏在一户人家中搜出了酿酒的器具，在论罪的时候要把他按照酿酒者的罪过判处。不久之后，简雍陪同刘备外出巡游，在路上见到一对男女并肩而行，简雍就对刘备说："彼人欲行淫，何以不缚？"即这两个人准备通奸，您为什么不把他们抓起来？刘备很奇怪，问："你怎么知道他们要通奸？"简雍一本正经地回答说："彼有其具，与欲酿者同。"即因为这两个人都拥有做苟且之事的工具啊！既然拥有酿酒器具的人有罪，按照同样的道理，这两个人也应该有罪！刘备听了，哈哈大笑，立即就赦免了那个有酿酒器具的人。

吕布被曹军俘虏，因刘备的一句话而身首异处，这是人们耳熟能详的故事。这里固然有刘备自打小算盘，不想让吕布归顺曹操，想借刀杀人的因素；也有曹操本身就反复无常的缘故，他杀人如麻，置人生死只在一念之间，也许压根儿就没想让吕布活。但刘备的一句话直指要害，对于吕布的死，还是起了关键作用。三国混乱之时，将领、谋士"喜新厌旧"、改换门庭犹如家常便饭，但反复无常，一点儿信誉都不讲，频频杀掉旧主的却只有吕布一人。《吕布传》载，吕布与曹操交战，见大势已去，走下白门楼投降曹军。吕布对曹操说："您顾虑的不过是我，今日我已降服，您争夺天下已没有忧虑了。您率领步兵，让我吕布率领骑兵，那么天下完全可以平定了。"曹操点头，但有疑虑的神色。刘备进言说："明公不见布之事丁建阳及董太师乎！"暗示曹操不要忘记吕布曾先后背叛旧主丁原、董卓的事。曹操微微点头赞同。吕布见此大骂刘备："大耳贼（刘备）是最不可信任的。"于是曹操下令将吕布勒死。

东吴的诸葛恪年少时就聪颖过人，语言犀利，可谓故事多多。《诸葛恪传》载，孙权大会群臣，让诸葛恪为大家依次斟酒，到了张昭面前，张昭已经有几分醉意，不肯再饮，说："这不符敬养老人的礼节啊。"孙权对诸葛恪说："你要是能使张公理屈词穷，他就该喝。"于是诸葛恪反驳张昭说："昔师尚父九十，秉旄仗钺，犹未告老也。今军旅之事，将军在后，酒食之事，将军在先，何谓不养老也？"即从前吕尚年九十，还右手拿着有旄牛尾装饰的军旗、左手持大斧，担任军队主帅，也并没有说自己年老。而今军事上的行动，将军您身处后方，在此刻享用美酒佳肴时您又排在最先，怎能说是不照顾老年人呢？"结果张昭无话可说，只好饮下满满一杯酒。

贾诩劝曹操立长子为太子一事更是令人叫绝，他根本就没有开口直言，事情就搞定了。《贾诩传》载："太祖又尝屏除左右问诩，诩嘿然不对。太祖曰：'与卿言而不答，何也？'诩曰：'属适有所思，故不即对耳。'太祖曰：'何思？'诩曰：'思袁本初、刘景升父子也。'太祖大笑，于是太子遂定。"即太祖曾经让左右之人离开，询问贾诩继承人的事，贾诩默然不答。太祖问："我和卿说话你怎么不回答，为什么？"贾诩说："正好我在思考事情，所以没有马上回答。"太祖问："在思考什么事？"贾诩说："思考袁绍、刘表父子的事。"太祖大笑，于是便将长子曹丕定为太子。贾诩所思的袁绍、刘表都是"废长立幼"导致惨败的典型，且就活生生地发生在不久之前。袁绍对待长子袁谭与幼子袁尚，采取偏爱幼子的态度，立幼子为继承人，导致内部矛盾，袁绍死后，二子争斗不停，从而被曹操各个击破。同样，刘表经不住后妻蔡氏的枕边风，废掉长子刘琦，将次子刘琮定为接班人，结果曹操攻打荆州时，刘琮听从娘舅蔡瑁的主张献城投降，刘表费尽一生心血打下来的基业付诸东流。袁、刘事例说明，"废长立幼"是取乱之道。贾诩的此番思虑，怎能不深深打动曹操之心呢！

父子雕像皆入"文臣武将廊"

掩映在森森翠柏中的成都汉昭烈庙和武侯祠，是我国唯一的君臣合祀祠庙，也是最负盛名的刘备、诸葛亮等蜀汉英雄的纪念地。千百年来，经历代修缮，祠庙里摆放的雕像，因参与进了好几个朝代最高统治者的意志，其增减的标准是相当严格的。后主刘禅因举国降魏、"乐不思蜀"，整座庙宇里竟没有其雕像，好像他与刘备、与蜀汉一点儿关系没有似的。

昭烈殿正中，供奉着刘备3米高的贴金泥塑坐像。昭烈殿的东偏殿，供奉着关羽雕像，身后是手把青龙偃月刀的周仓和关平等人塑像，西偏殿供奉着张飞雕像，身后是张苞等人塑像。昭烈殿后即是过厅，东西两廊各有清代民间艺人制作的真人大小的蜀汉文臣武将塑像14尊，塑像前都有一块小石碑，镌刻着功臣的生平传略。文臣廊以庞统居首，14位官吏都有才有识、为官清正。庞统之后是简雍、吕凯、傅肜、费祎、董和、陈震、邓芝、蒋琬、董允、秦宓、杨洪、马良、程畿。武将廊则是赵云领先，14位将领或战功卓著，或战死沙场。赵云之后是孙乾、张翼、马超、王平、姜维、黄忠、廖化、向宠、傅佥、马忠、张嶷、张南、冯习。而傅肜、傅佥父子俩的雕像，一文一武，双双坐在廊中，是28位文臣武将中，仅有的两对父子之一（另一对为董和、董允）。这不得不让人们对一门忠烈的傅氏父子肃然起敬。

陈寿的《三国志》并没有给傅氏父子作传，只在《姜维传》《杨戏传》《陆逊传》中有些字句提到，裴松之为之加注也提到过，南宋郭允蹈的《蜀鉴》中也有一点儿记载。尽管如此，傅肜父子的忠勇与壮烈，依旧能够跃然纸上。《陆逊传》载：刘备攻吴，"使将军冯习为大督，张南为前部，辅匡、赵融、廖淳、傅肜等各为别督"。《杨戏传》载："义阳傅肜，先主退军，断后拒战，兵人死尽。吴将语肜令降，肜骂曰：'吴狗！何有汉将军降者！'遂战死。拜子佥为左中郎，后为关中都督。景耀六年，又临危授命。论者嘉其父子奕世忠义。"《姜维传》载："钟会攻围汉、乐二城，遣别将进攻关口，蒋舒开城出降，傅佥格斗而死。"

综合来看，傅肜跟随刘备伐吴，时任别督，即为大督冯习的副将。傅肜在蜀军大败后，奉命率军断后，阻击吴军，以掩护刘备安全撤退。可谓临危受命，足见君臣信任至极。吴军乘胜追击，势如破竹。此种情况下，率军断后，是何等艰辛。傅肜率领士卒死战，直到士卒全部战死，这时吴将中有人劝傅肜投降吴国。傅肜却大骂："吴狗！哪里有汉将军投降的！"最终战死疆场。史料记载，跟随刘备征吴而战死的将领不少，但明确为断后战死的只傅肜一人。正是傅肜率众死战，赢得了宝贵的时间和空间，刘备才得以撤入白帝城。从这个意义上讲，傅肜圆满完成了任务。

傅佥为关中都督，镇守蜀汉的要塞阳安关。而同为汉中要冲的武兴都督蒋舒因表现平庸被撤职，后被派往阳安关，协助傅佥守城。蒋舒遂生怨气。当魏军来攻打阳安关时，傅佥主张据险死守城池，蒋舒名曰主张出战，实则制造投降的机会。蒋舒率军出城"迎敌"，使得守关兵力不足，结果魏军突至乘虚袭城，傅佥格斗至死。阳安关遂落入魏军之手。傅佥与其父相比，虽然因蒋舒投敌而没有完成守住城池的任务，但死得同样英勇壮烈。

　　傅肜、傅佥的忠贞不贰和宁死不屈，当时就受到人们的赞誉。晋武帝司马炎赐诏"天下之善一也"加以褒奖，还下令将已按从坐法律被收为官奴的傅佥二子傅著、傅募，予以解除奴婢身份，恢复为庶人即普通人待遇。傅氏一门两忠烈，居然感动了对手。傅肜、傅佥父子二人，忠诚赴死英勇捐躯，伴随着"文臣武将廊"雕像的展示，其英名定会流传千古。

却赠不妨学华歆

华歆是三国曹魏阵营的元老，历经曹操、曹丕、曹叡三朝，官拜御史大夫、丞相、司徒、太尉，死后谥为敬侯。华歆不仅清廉忠诚，为政主张也颇为得当，其谏言中有一句名言："为国者以民为基，民以衣食为本。"即掌握国家大权的人要以百姓作为根基，而百姓又以衣食作为生活的根本。此语曾被后世之人反复引用。其实，华歆最掷地有声的言辞还是他却赠的话语。

《三国志·华歆传》载，华歆早年曾归附孙策，孙策知道华歆有德有才且年长于自己，待以上宾之礼。孙策死后，曹操在官渡以皇帝的名义征召华歆到朝廷来任职。东吴众吏听说华歆要走，于是便出现了如下场景："宾客旧人送之者千余人，赠遗数百金。（华）歆皆无所拒，密各题识，至临去，悉聚诸物，谓诸宾客曰：'本无拒诸君之心，而所受遂多。念单车远行，将以怀璧为罪，愿宾客为之计。'众乃各留所赠，而服其德。"

这里有个成语"怀璧为罪"，意思是身藏宝玉，因此获罪，出自《左传·桓公十年》。春秋时代虞国的国君虞公，得知其弟虞叔有一块宝玉，便向其弟索看索要。虞叔虽未答应，但马上意识到"周谚有之：'匹夫无罪，怀璧其罪'。"即俗话说得好，一个人本来没有罪，但如果他藏有价值连城的宝玉，就会招来祸害。虞叔又何必贪留宝玉而招来祸害呢？于是就把宝玉献给了虞公。谁知虞公贪得无厌，又索要虞叔的另一宝物——一柄锋利无比的宝剑。虞叔气愤不已，认为即使自己把所有的宝物都送给他，他也不可能满足，肯定要加害自己；与其等到祸事临头，不如先发制人，遂起兵打败了虞公。

前段本传记载说的是，得知华歆要走，宾朋好友及昔日同事千余人，赠送给华歆值"数百金"的巨额钱物。华歆是来者不拒，暗中却在赠金赠物上做出记号。临行之日，华歆把那些赠金赠物全摆了出来，对诸宾客说："我本来没有拒收诸君礼物的想法，但是接受的东西太多了。考虑到我单车远行，将会因为携带财宝而招来灾祸，希望诸位宾客替我想一下如何办。"宾客们只好收回各自赠送的礼物，但对华歆的品德更加佩服了。

华歆的却赠之语，可谓掷地有声。因接受他人的礼物金钱，有可能使收受礼物金钱者连命都保不住，送礼人还能死乞白赖地坚持要送吗？绝对不能，只有乖乖地收回自己的礼物金钱了事。真心想却赠拒贿，其实就这么简单，话说得实在到位就足够了。当然，能不能把话说到位、说到家，起决定作用的还是道德水准的高低。华歆的一生都是很有清名的。本传载，华歆无论在哪里任职都从不积累家财。

华歆做高唐郡官吏时，"议论持平，终不毁伤人"。即华歆议论人事持正公允，始终不诋毁别人。出任豫章太守时，"为政清静不烦，吏民感而爱之"。即为政清静不烦扰民众，那里的吏民都很爱戴华歆。华歆到魏国后，"进步"飞快，已位至三公，"（华）歆素清贫，禄赐以振施亲戚故人，家无担石之储。公卿尝并赐没入生口，惟歆出而嫁之。帝叹息"。即华歆素来清贫，朝廷给的俸禄和赏赐，都用来施舍救济亲戚故人，家中连一石粮食的储备也没有。公卿曾一起接受过朝廷赐予的没入官府为奴婢的青年女子，只有华歆将朝廷分配给自己的这些女子统统都嫁人了。魏文帝曹丕对此很是感叹赞许。《华歆传》结尾处载，"华歆清纯德素"，即华歆清廉纯洁。正因有清廉纯洁的高贵品德垫底，华歆为拒收礼物金钱说出的道理、给出的理由才让人无可反驳，只能老老实实地接受。

士大夫之间的借书趣闻

清代梁章钜，嘉庆年间的进士，官至广西、江苏巡抚，他兴修水利、整顿吏治，所任皆有善政，与林则徐是好友，政见相同，称得上是一代名臣。平生著作颇丰，其中就包括《退庵随笔》这部22卷的读书笔记。该书卷11有段文字，记叙了士大夫之间借书的趣事。

古代，在活字印刷尚未发明，雕版印刷又不普及之时，书籍大部分都是抄写而成，一卷书对于酷爱读书的士大夫来说，其宝贵程度可想而知。正是由于书籍如此来之不易，士大夫们才格外珍视，嗜书如命，藏于书房，往往不肯轻易借人，是完全可以理解的。

唐代宰相杜暹的言行，就是这种状况的典型写照。《清波杂志》载："唐杜暹家藏书，每卷后自题云：'清俸买来手自校，子孙读之知圣道，鬻及借人为不孝。'按以鬻为不孝可也，以借为不孝则褊（泛指狭小）矣。"希望子孙善守先人书籍，勿借勿卖，否则便是大逆不道。不孝，在古代是个极大的罪名，作为唐代宰相的杜暹，竟认定把书借给别人即为不孝，后果有多么严重。

曹丕《典论·论文》曾写道："文人相轻，自古而然。"即自古以来的文人骚客，多"自谓己长"而轻忽他人。这样的文人之间，当然不可能互相借阅书籍了。《三国志·许慈传》载，许慈南阳人，擅长郑玄学派的古文经学，钻研《易》《尚书》《三礼》《毛诗》《论语》等儒家经典。许慈与魏郡人胡潜都来到益州。胡潜对于体现祖宗制度的礼仪，办理丧事五服制度的规定，都能边讲边示范，信手拈来。刘备任命许慈与胡潜等人为博士，收集文献典籍，清理古旧文献。然而"慈、潜更相克伐，谤讟忿争，形于声色；书籍有无，不相通借，时寻楚挞，以相震撼"。即许慈、胡潜互相攻击，诽谤争吵，声色俱厉；彼此有的书籍，谁也不借给谁，有时还会动用棍棒互相殴打，以震慑对方。刘备对二人的这种关系感到很忧虑，便在众臣聚集的宴会上，在众人酒兴正浓、音乐大作的时候，让两个唱戏的演员装扮成二人的模样，仿效二人争执打斗的过程，开始用儒经文意互相驳难，最后发展到用刀枪棍棒互相威胁。看来刘备为化解许、胡之间的矛盾也是费尽了心思。

但史上乐意把书借给他人阅读的，也是大有人在的。《南史》载："崔慰祖聚书至万卷，邻里年少好事来从假借，日数十袠（同帙，一套书为一袠）。慰祖亲自取与，未尝为辞。"即崔慰祖好学聚书至万卷，对前来借书的人们，无论借多少次多少本书，他都一如既往，从不厌烦。苏东坡《与秦太虚书》，称"歧亭监酒胡定之载书万卷随行，喜借人看"。其实，典籍中记载因借书读而成才的事例多得是，《退庵随笔》就记载了两个人。《南史》载"刘峻苦所见不博，闻有异书，必往祈

162

借"。《北史》载"裴汉借异书，躬自录本"。北周官至车骑大将军的裴汉，经常借别人的异书来读，每借到书后必亲自抄录成副本，虽然常年疾病缠身，仍手不释卷，读书不止。没有人外借书籍，刘峻与裴汉又怎么能借到书来读、来抄？

看来书籍借人与不借人，作为藏书者，他们恐怕还是担心书籍被人损坏。"惟在择其人而借之，不令有污损遗失斯可矣。""《颜氏家训》曰：'借人典籍，皆须爱护，先有缺坏，就为补治，亦士大夫百行之一。'"即借别人的书籍，都应当爱护，借来时如有缺坏，就替别人修补好，这也是士大夫该做的善行之一啊！《退庵随笔》还描绘了一个爱护书籍的借书人形象：济阳的江禄，在读书未结束时，虽然碰上急事，也一定要把书卷束整齐，然后才起身，所以他的书没有损坏的，别人也不讨厌他来借书。若借书者都能做到如此，藏书家们还能不将书外借吗？

三国多位人士喜读《左传》

一手捋长须，一手执《春秋》，关羽这一形象，国人可谓再熟悉不过了。《三国志·关羽传》裴松之注引《江表传》载："羽好左氏传，讽诵略皆上口。"即关羽对《左传》的背诵与诵读皆能顺口而出。《三国志·吕蒙传》裴松之注引《江表传》载，吕蒙对鲁肃说："斯人（关羽）长而好学，读左传略皆上口。"现今的解州关帝庙"春秋楼神龛"有副对联活化了上述场景："青灯观青史，着眼在春秋二字；赤面表赤心，满腹存汉鼎三分。"关羽因熟读《左传》，既深谙春秋大义又悟得兵家战法，成就了忠义无双的伟岸形象。凝聚在关羽身上的忠、义、信、智、仁、勇足以彪炳日月的道德丰碑。正如近代著名学者、教育家于右任为马来西亚一座关帝庙的题联所说："忠义二字团结了中华儿女；春秋一书代表着民族精神。"

《左传》是《春秋左氏传》的简称，传为春秋时期的左丘明所著，是对《春秋》的解说，又是一部编年体史书，记载了东周及各诸侯国之间的历史事件，《春秋》只1.6万字，《左传》竟达 18 万字，汉代以后多称《左传》为"十三经"之一。《左传》长于记事，记叙细致详明，文笔生动优美，有做人规范，有治国经验，更有战争总结，且叙述战事时往往不厌其烦地揭示其成败胜负之因素，让人真切感受到个人荣辱和国家兴衰背后存在的共性原因，从而在潜移默化中达到历史之借鉴使命。可以说，任何人都能从《左传》中获取自己所需要的营养。

蜀汉的谏议大夫尹默，致力于对《左氏春秋》的研究，刘禅被立为太子后，尹默用《左氏传》教导刘禅。

孙权不仅自己读《左传》，还教导下属将领也要读《左传》。《吕蒙传》裴松之注引《江表传》载，孙权在教导吕蒙和蒋钦时说："我年少时读遍诗、书、礼记、左传、国语，你们宜急读孙子、六韬、左传、国语及三史。""蒙始就学，笃志不倦，其所览见，旧儒不胜。"即从此以后，吕蒙发愤读书，立志不移，所读书目之多，往往儒士学者都比不了，很有国士风度，迅速成长为一位有谋略的将军。吕蒙"白衣渡江"，击败关羽，夺回荆州，尽管后人对其诟病颇多，如背刺盟友、战略短视等，但其"白衣渡江"之战法，与《左传》所载荀吴"商人袭鼓"如出一辙，看来还真是学《左传》所得。吕蒙读《左传》学以见用的精神，还是值得称道的。

《左传·昭公二十二年》载："六月，荀吴略东阳，使师伪籴者负甲以息于昔阳之门外，遂袭鼓，灭之，以鼓子鸢鞮归，使涉佗守之。"即六月，晋国名将荀吴巡行东阳地区，派军队伪装成买米的人，暗带兵甲，假装在鼓国都城昔阳城门外休息，乘机突然杀入城去，灭了鼓国，押着鼓国国君鸢鞮回国，派晋大夫涉佗作为这里的守将。

吕蒙在关羽跟曹魏大战之际，把精锐部队全部埋伏在大船中，"使白衣摇橹，作商贾人服"，即让士兵穿上普通百姓的衣服，假装成商人，摇橹划船。他们昼夜行进，逐一拔掉关羽设在江边的巡逻哨所，使关羽一直都听不到东吴派兵攻击荆州的消息，加之南郡守将士仁、糜芳出降，吕蒙遂奇袭得手。

曹魏阵营中好学《左传》的人士也不少。《杜畿传》裴松之注引《魏略》载，魏国大儒乐详，"少好学，建安初，详闻公车司马令南郡谢该善左氏传，乃从南阳步涉诣许，从该问疑难诸要，今左氏乐氏问七十二事，详所撰也"。《李典传》裴松之注引《魏书》载："典少好学，不乐兵事，乃就师读春秋左氏传，博观群书。"《钟会传》裴松之注引《钟会母亲传》载，钟会母亲"勤见规诲"，钟会12岁就能诵读春秋左氏传、国语。《贾逵传》裴松之注引《魏略》载，贾逵"最好春秋左传，及为牧守，常自课读之，月常一遍"。

杜预更是自称《左传》癖。《杜畿传》裴松之注引《杜氏新书》载，杜预"大观群典"，"著春秋左氏经传集解"，"备成一家之学，至老乃成"。杜预是三国后期魏、晋名将，伐吴灭吴功臣，位至征南大将军。杜预立功之后，从容无事，便一头扎到《左传》里，一门心思为《春秋左氏经传》作集解，对《左传》重新作注，进一步完善了《左传》之学，是《左传》注解流传至今最早的一种版本。清代时收入《十三经注疏》中的《春秋左传正义》就是杜预的"集解"与唐代孔颖达的"正义”之合集。

三国处于乱世征战频仍，而《左传》记述大战颇多，节次详明，兵法贤妙，因此从国君到文士良将，皆莫不好之。

"政事之暇"书为伴

古代官员对如何打发政事闲暇的时光，有多种看法与观点，仅清代梁章钜《退庵随笔》卷四中，就记载了三四位官员就此问题所提出的见解，其中的有些认识至今仍值得人们点赞。

阮葵生，号吾山，乾隆年间历任河南道监察御史、通政史参议，刑部右侍郎，是位有成就的诗人、散文家和法学家。在刑部任职20多年，"熟精法律，屡决大狱"，"治狱以明察平允见称于时"，虽"昼夜讯供无少闲，而校书和诗如常"。阮葵生尝言："人生太闲则别念窃生，太忙则性真不见。士君子不可不抱虚生之忧，亦不可不知有生之乐。山谷与洪氏甥书曰：'尺璧之阴，以三分之：一以治公事，一以读书，一以为棋酒，则公私皆办。'为京官者宜味此语。"即阮葵生认为，官员的人生也应劳逸结合，北宋诗人黄庭坚（号山谷道人）在《山谷与洪氏甥书》中的说法比较合适，即在宝贵的时间里，应采取三分法，一分治公事，一分读书，一分为棋酒。阮葵生认为这种做法尤其适合于在朝廷任职的京官。

官做到方面大员，任过广西、江苏巡抚的好官能吏梁章钜，则以其亲身实践，申明"三分法"是行不通的。他说按山谷道人之语，他在京为官时曾这样做过，也还说得过去。但自从被外派主政一方十余年来，"棋酒"二字竟被束之高阁，不是不想玩乐与饮酒，实在是没有闲暇时间啊。因此，梁章钜得出结论：在外主政一方的官员，特别是身处繁剧、要冲之地，度日须以五分法：三分以治公事，一分以读书，一分以将息。至于"棋酒"，实应不沾边才是。他还说，有些官员却说任职外地，还强调读书重要，完全没有必要。这种庸俗之论可以不予理会。

李文贞，即李光地，清代著名大臣，理学名家，康熙年间任吏部尚书、直隶总督巡抚、文渊阁大学士。曾献策解决台湾问题，并推举施琅为帅收复台湾。《清史稿·李光地传》载："郑锦已死，子克塽幼弱，部下争权，宜急取之。""且举内大臣施琅习海上形势，知兵，可重任，上用其言，卒平台湾。"《施琅传》也记载："（康熙）二十年，锦死，子克塽幼，诸将刘国轩、冯锡范用事。内阁学士李光地奏台湾可取状，因荐琅习海上事，上复授琅福建水师提督，加太子少保，谕相机进取。"康熙称李光地"谨慎清勤，始终一节，学问渊博"。李光地死后，谥号文贞，他曾说："各省大吏多以优伶为性命，无怪其然，即吾辈之几本书也。不尔，政事之暇，如何度日？"即李光地说，当时各省主政的大员们，好多都迷恋教戏唱曲，把以乐舞谐戏为业的艺人当作性命一样重要，一旦政事闲暇的时候，就极尽嬉笑怒骂之能事，尤其痴迷昆曲，任何时候都不愿意丢开，这已不足为怪了。然而，我却在政事闲暇之时，用书本来陪伴，以读书来打发时光。梁章钜特别赞赏李光地的上述说法，称"可谓知己知彼之言"。

可以肯定地说，时至今日，官员纵使是再忙碌，也总会有些业余闲暇时光，多看点好书史书，既能充电增长知识智慧，又能陶冶情操修养，何乐而不为！"棋酒"式的癖好及一切过度的娱乐，都为政纪所不允许，又为民众所唾弃，要坚决摒弃！

古代藏书人也多有不易

因藏书而被杀被灭族，实属骇人听闻，然而却是史书中真切记载着的。《金史·宇文虚中传》载，宇文虚中，字叔通，宋代人，后出使金国被扣留，数年后家眷全部来到金国，于是便在金国出仕，官至礼部尚书、封河内郡开国公，并被尊为"国师"。宇文虚中"恃才轻肆，好讥讪"，"贵人达官往往积不能平。虚中尝撰宫殿榜署，本皆嘉美之名，恶虚中者摘其字以为谤讪朝廷，由是媒蘖以成其罪矣"，"唐括酬斡家奴杜天佛留告虚中谋反，诏有司鞫治无状，乃罗织虚中家图书为反具，虚中曰：'死自吾分。至于图籍，南来士大夫家家有之，高士谈（官至翰林直学士）图书尤多于我家，岂亦反耶？'有司承顺风旨并杀士谈，至今冤之"。"罪至族"，即宇文虚中及家属族人全部被杀，以致清代学者梁玉绳（字曜北）说："士大夫家多藏图籍，固是美事，然聚书之祸，不可不知。此等故事（指宇文虚中事），凡藏书家皆不可不正告之。"

当然，对藏书家危害最大的，还数火灾、水灾及战乱。除家中失火引发火灾，殃及书楼、烧毁书籍外，书籍自燃也是个因素，如晒书后书籍未完全散热，因书中留有余热而引发火灾。家乡如遭遇水患，也必然会祸及所藏书籍。总之，水火之患是古代私人藏书家面临的最大隐患。如逢战乱就更不必多说了，人都难以保命，所藏之书又能好到哪里呢？由此可见，士大夫想当个藏书家也不是件容易的事情。

唐代曾任眉州彭山令的孙长孺，定居于眉山，建"孙氏书楼"以藏书。唐僖宗时，帝亲御榜书"书楼"两个大字赐予孙长孺。由此，孙氏被称为"书楼孙家"。五代前蜀时，书楼毁于火灾。孙长孺五世孙孙降衷又重建书楼，其藏书恢复至万卷。"孙氏书楼"在300多年间曾数次被火焚毁又重建。

同样藏书毁于大火的还有北宋的宋绶。宋绶，字公垂，北宋名臣、学者及藏书家，官至兵部尚书兼参知政事，死后谥号"宣献"。《宋史·宋绶传》载："（宋绶）为外祖杨徽之所器爱，家藏书悉与绶。""家藏书万余卷，亲自校雠，博通经史百家，其笔札尤精妙。朝廷大议论，多绶所财定。""及卒，帝多取所书字藏禁中。"加之又得到毕文简（即毕士安）所赠之书，因此藏书甚丰，约有两万卷书籍。可惜宋绶所藏之书，在元符年间（1098—1100）为火焚毁，荡为烟尘，史称"文献一劫"。

藏书毁于火灾和战乱的是宋代晁迥。晁迥，字明远，官至礼部尚书、太子少傅。《宋史·晁迥传》载，晁迥被"称为名臣"，"（宋）真宗数称其好学长者"，死后谥号"文元"。家富藏书，却毁于火灾和战乱。南宋理学家、名臣魏了翁（字华父）称："晁文元累世所藏，自中原无事时已有火厄，至政和甲午之灾，尺素不存。"

藏书屡屡被盗，也为藏书家所心悸。北宋藏书家江正，字元叔，官至越州刺史，喜藏书。吴越之地的人们藏书甚多，江正遂多方借本誊写，随着宋太祖攻下江南后，又得遗书数千卷。晚年任安陆刺史，归家时，满车是书，建藏书楼以储书，书达万卷。江正死后，子孙不能保管好书籍，以致书籍常被人窃取，或被人偷去以交换物品。后有学者欲访求江正的存书，往往得之于街巷之中，仅收得 1000 余卷。

"肃静"与"回避"仪仗牌之趣谈

"肃静"与"回避"这两块牌子，在古装影视剧中为人们所常见，是官员出行和官署办政时的必备摆设，它也是真实存在的。"肃静"，是官员外出或办政时，禁止闲人喧闹吵扰；"回避"，则是让行人避开。总之，体现的是等级森严的官威。当然，这两块牌子也含有提醒官员严肃认真对待政事，处事办案要避嫌清廉，防止说情干扰的意思。

然而，史上也有清官廉吏不计官威，相对低调，出行根本不打"肃静"与"回避"的牌子。有的不仅将"肃静""回避"牌弃之不用，还用另书别词的牌子，加以悬挂或高举，以彰显其清廉为官为民之本心。明代哲学家王阳明每到一地任职，都"因俗化导"，视下民如己子，处民事如家事，奉行为政不事威刑，唯以开导人心为本。任庐陵知县时，将官衙"肃静""回避"牌子，改为"求通民情""愿闻己过"字样，希望老百姓来官衙能畅所欲言，以便更好地从政、为民造福。此牌虽只有八个大字，却字字千金，既号召人们大胆述说疾苦，反映难事、闹心事，又鼓励人们敢于向官府提意见与建议，真可谓难能可贵！

上述八字牌一直为后世的能吏廉吏所器重。清代林则徐曾先后任江苏按察使、布政使、巡抚等职七年多时间。他在府衙门厅就悬挂了"求通民情，愿闻己过"这副楹联。这等于一篇告示，既是告诫自己要具有广开言路、体察民情、闻过则喜的政德，又鼓励下属及民众要大胆反映社情民意，敢于开口直言。同时，他还在自己府衙厅堂上贴有另一副人们所熟悉的对联："海纳百川，有容乃大；壁立千仞，无欲则刚。"这更是林则徐要求自己要广泛听取并包容各种不同意见，砥砺自己要杜绝私欲，时刻自省，维护官场的清廉。

明代中期大臣、文学家刘大夏，死后谥号"忠宣"，曾任广东右布政使，又督两广军务，凡到一府衙，都不用官方现有仪仗牌及文帖，而是另用自行设计的写明了需要百姓陈述的事宜的名帖，并在末了处亲笔写上"大夏顿首"四个字，或分送民众，或贴于府衙明显之处，以方便民众知晓。当然，对刘大夏的上述举动，史上说法不一。有赞许的，"是皆前人艳称为美谈者"，也有持不同意见的，称"其实此等举动，全是客气，非立异即沽名，非素位之义也"。所谓"素位"，语出《礼记·中庸》："君子素其位而行，不愿乎其外。"即君子安于所处的地位，去做自己该做的事，而不愿超越自己的本分。更通俗地说，是君子应到一处，便思尽一处职业，尽职尽责去做好分内之事，方可称为素位而行。持异议者认为，刘大夏此举不符素位而行的要求，无非是标新立异、沽名钓誉罢了。其实，翻看《明史·刘大夏传》就可得知，刘大夏是明孝宗时期著名的清官能吏，"居心行己，磊落光明，刚方鲠亮，有古大臣节概"。他还有两句名言："居官以正己为先，不独当戒利，亦当远名。""人生盖棺论定，一日未死，即一日忧责未已。"即为官首先要正己，不单要警惕金钱的侵蚀，还应当远离功名的诱惑。人死了才能对其一生作出总结，一天没死，就要忧虑这一天的责任尽到了没有。这两句话概括起来就是戒利、远名、忧责六个字，多么好的官箴啊，拿到今天来照样适用。笔者以为对刘大夏发名帖的行为，持异议者恐失之偏颇。不管怎么说，刘大夏发名帖的行为，总比只高举"肃静""回避"之牌子，威风八面招摇过市，让老百姓望而生畏，唯恐避之不及强得多吧。

吕原"悔之"为哪般？

吕原，字逢原，号介庵，明代大臣。自幼喜读书，博涉经史，善文章，官至翰林学士、左春坊大学士等职，并入内阁参与机务，相当于宰相之职，死后被谥号"文懿"。吕原为人宽厚，嗜书如命，"内刚外和，与物无竞。性俭约，身无纨绮，归装惟赐衣数袭，分禄恤宗姻"。即吕原归家时的行装只有御赐的几件衣服，还分别送给了宗亲们。吕原一生好著述，常因考证一事得不到结果，几天之内都闷闷不乐。一旦得到了，则欣喜若狂，对门人说："进我两阶（官升两级），殊不若得此可喜。"

吕原曾因母亲病故，辞去宰相之职，回到家乡。导致吕原后悔的事情，可能就发生在其回到家乡之后。清代李宗孔所著的《宋稗类钞》（内容为宋代官场野史）载："吕文懿公初辞相位，归故里，有乡人醉而詈之。吕公不动，语其仆曰：'醉者勿与较也。'闭门谢之。逾年，其人犯死刑入狱，吕始悔之，曰：'使当时稍有计较，送公家责治，可以小惩而大诫，吾当时只欲存心于厚，不谓养成其恶，陷人于大辟也。'""吕公所言，则更深远一层，即圣人以直报怨之义，而用意更精。然而知此者鲜矣。"说的是，一个醉酒乡民进到吕原府邸，破口大骂吕原，进行种种侮辱。但当时吕原并未惩罚此人，而是泰然处之。事情发生以后，没想到只一年的光景，这个醉酒乡民却犯了死罪，被关入死牢，这时候吕原开始后悔，觉得自己当初太草率，光想着仁厚却忘记了威严。如果当时对这个醉酒乡民略施惩罚，那他不一定会走到犯死罪的地步。没有想到的是，自己的一念好心却铸成大错。李宗孔评吕原的所言所行，道出了孔子"以直报怨"的本义，可谓深刻至极，然而真正懂得这个道理的人却少得可怜啊！

所谓"以直报怨"，出自《论语·宪问》："或曰：'以德报怨，何如？'子曰：'何以报德？以直报怨，以德报德。'"即有人说，用恩德来报答怨恨如何？孔子说，用什么来报答恩德呢？应该是用正直来报答怨恨，用恩德来报答恩德。在这里孔子并没有直接回答，而是反问一句：如果用恩德来回报怨恨，那么对自己有恩德的人又应当如何报答呢？以同样的态度来回报怨恨和恩德，岂不是恩怨不分了？所以孔子说，要以直报怨，既不以德报怨，也不以怨报怨，要展现自己的胸怀，以正直之心去对待怨恨，不刻意去记恨前仇，并不是一味忍让，甚至丢掉做人的原则去宽恕他人的过失，而是要用正义和正气去对待对方，以公正的方式来处理人际关系，用光明磊落的态度来对待怨恨。

上述吕原"悔之"的故事，是对孔子"以直报怨"教诲的最好诠释。由此想到，一地或一个单位的主政者，即泛指的领导者，在对待明显冒犯到自己或怨恨自己的人时，一定要及时地指出对方的过错，防止这类人继续以这种错误的方式方法去行事；对虽没有直接冒犯或怨恨自己，但偶有小毛病、小错误甚至小罪行的属下和民众，更不能因碍于情面、怕伤和气、怕得罪人，而不愿意及时明示提出批评。发现了问题就要及时指出，甚至对其进行适当的处罚，防止错误由小变大，由错变罪，发展到触犯政纪国法，最终沦为阶下囚，锒铛入狱，陷入声名狼藉、人生彻底不可挽回之地步。

"以舌代耕"的贾逵

"隔篱听书""以舌代耕"这两个成语，都出自晋代有名的方士王嘉所著的《拾遗记》卷六中的一篇散文，讲的是贾逵年幼好学的故事，很值得一读。

"贾逵年五岁，明慧过人。其姊韩瑶之妇，嫁瑶无嗣而归居焉，亦以贞明见称。闻邻中读书，且夕抱逵隔篱而听之。逵静听不言，姊以为喜。至年十岁，乃暗诵《六经》。姊谓逵曰：'吾家贫困，未尝有教者入门，汝安知天下有《三坟》《五典》而诵无遗句耶？'逵曰：'忆昔姊抱逵于篱间听邻家读书，今万不遗一。'乃剥庭中桑皮为牒，或题于扉屏，且诵且记。期年，经文通遍。于闾里每有观者，称云振古无伦。门徒来学，不远万里，或褊负子孙，舍于门侧，皆口授经文，赠献者积粟盈仓，或云：'贾逵非力耕所得，诵经舌倦，世所谓舌耕也。'"

说的是，贾逵5岁的时候就已经聪明过人。他的姐姐是韩瑶的妻子，由于没能生子被休，返回家中居住，后因为坚贞清白的节操而为人称赞。在贾逵小时候，姐姐一听到邻居家中有读书声，就无论早晚都抱着贾逵隔着篱笆去听。这个时候，贾逵总是静静地听着不说话。姐姐很高兴。贾逵10岁时，竟然能背诵《六经》。姐姐问贾逵："家里生活困难，从来没有请过教书先生，你是怎么知道天下有《三坟》《五典》，还能够背诵且一字不落呢？"贾逵说："过去姐姐抱我在篱笆边上听邻家的读书声，那时我都记在心里，所以今天背书时才会万不遗一。"贾逵经常剥下庭院中的桑树皮做成书简，有时也题写在门扇和屏风上，一边背诵一边书写。一年下来，所有的经书他都背诵并抄写了一遍。当时邻居中经常有人来看贾逵背诵抄书，赞扬贾逵的才学自古以来无人能比。想要拜贾逵为师的人，不远万里而来，有的甚至背着孩子。他们都在贾逵家旁边住下来，贾逵向他们口授经文，学子们赠给贾逵的粮食堆满了仓库。人们都说："贾逵不是靠耕作来获得粮食，是靠口舌传授经书而得。"这就是"以舌代耕"的来历。

上述故事与《后汉书·贾逵传》的记载有所不同。《贾逵传》载，贾逵父亲贾徽是大儒，精通《左氏春秋》《古文尚书》《毛诗》之学，著有《左氏条例》21篇。贾逵自幼跟随父亲学习经书，从儿时起，就在京师的太学读书，不问社会俗事。"尤明《左氏传》《国语》，为之《解诂》五十一篇，永平中，上疏献之。显宗重其书，写藏秘馆。"即贾逵尤其精通《左氏春秋》《国语》，著有训诂51篇，汉明帝永平年间，贾逵上疏皇帝，献上著述的文章，汉明帝非常重视，命人抄写后收藏在秘书阁。贾逵还在经传义理、训诂、答疑解难等方面颇有成就，著述文章100余万言，又作诗、颂等共计9篇。当时的学者都以贾逵为宗师，后世人称颂贾逵为通儒。贾逵一生都在教授学子，20岁时，就用《大夏侯尚书》来教授学生。汉章帝刘炟曾让贾逵挑选熟读《公羊春秋》的高才生 20 人，指导他们学习《左氏春秋》，并让学生们用简牍、纸张把经传抄写一遍。后来，汉章帝将贾逵所选的弟子和再传弟子都拜为千乘国王（刘伉，汉章帝的儿子）侍郎，早晚在皇帝身边的内宫机构黄门署学习经学。其他的学者们对享受这种殊荣的人都非常羡慕。

综合来看，贾逵绝不只是以"隔篱听书"一种方式来获取知识，其"悉传父业"和"常在太学"都是相当正规的学习经历。但再好的外在条件，如果没有自身的刻苦努力也是枉然。贾逵教授学子，靠口舌劳累，获取学子所赠粮食之多，可是对他实实在在的感激与肯定。

祖孙三人与三个成语

东汉张霸及儿子张楷、孙子张玄三人，均为著名学者，且都很有风骨。张霸官至侍中，后上疏辞官，被赞为"霸贵知止"；张楷曾蒙冤入狱两年，在狱中仍在作《尚书注》；张玄才略过人，在黄巾起义刚爆发之时，就建议铲除黄门常侍，重振朝纲。同时，这三人还给后世留下了三个成语。

"不识时务"，指不能认清当前的形势或时代潮流。《后汉书·张霸传》载，张霸，字伯饶，蜀郡成都人，7岁时就已熟读《春秋》，后来又学习《严氏公羊春秋》，逐步涉猎"五经"。被举荐为孝廉，担任会稽郡太守。在任上，凡学有所长品学兼优的，都会得到张霸重视，郡中书生一时间相互勉励，努力学习经书的有上千人，处处可闻琅琅读书声。不久，张霸上表称病辞职。但朝廷还是征召张霸，让其担任侍中。当时，皇后的哥哥虎贲中郎将邓骘是当朝权贵，听说张霸的名气，欲与其结为好友，张霸硬是不肯答应，"众人笑其不识时务"。张霸死前给儿子留下遗言："今蜀道阻远，不宜归茔，可止此葬，足藏发齿而已。务遵速朽，副我本心。人生一世，但当畏敬于人，若不善加己，直为受之。"即蜀郡家乡距京师路途遥远，道路难行，不宜送回去安葬。可以在此地择一块墓地，只要能够掩埋尸骸即可。但求尸骸早日腐朽，以满足我的心愿。人生一世，只当被人敬畏，如果不善于爱护自己，便只能承受不被人敬畏的后果。儿子们遵照父亲的遗命办理了后事。

"所舍成市"，指居所周边形成了大市场。张霸的儿子张楷，字公超，熟读《严氏春秋》《古文尚书》。张楷曾因贼寇诬陷受到牵连，被关押两年，在狱中仍然坚持诵读经书，为《尚书》作注解，后来查无实据，被释放回家。张楷有很多学生，宾客们都敬慕张楷的学问，即使是上了年纪的儒生也会来向张楷请教。一时间，车马塞满街巷，学生无处歇宿。黄门及其贵戚们就在街巷建造房屋以接待过往学子住宿。张楷反感这些人从中牟利，于是搬家隐居在弘农郡山中，学子们又都纷纷追随张楷而来。在张楷居住的地方逐渐形成闹市。后来由于学子太多，各类生活需求陡增，竟然在华阴山南有了一个以张楷名字命名的"公超市"。《张霸传》末了赞曰："公超善术，所舍成市。"

"出口入耳"，指不会泄露给第三人知道的言论。此语最早出现在《春秋左传·昭公二十年》载："王曰：'言出于余口，入于尔耳，谁告建也？'"即楚平王说："这一命令是我说的，只有你（奋扬，官职为城父司马）听到，是谁告诉太子建逃跑的？"

而《张玄传》中则记载了一个"出口入耳"的完整故事。张霸的孙子张玄，字处虚，为人深沉不露，有谋略。张玄看到天下动乱，不肯再出仕为官。司空张温多次请张玄出仕，张玄都不肯答应。汉灵帝中平二年（185），张温以车骑将军身份领兵出征凉州，镇压贼寇边章等。大军将要出发，张玄从田间庐舍出来，拦住张温劝说："天下贼寇风起云涌，不就是因为宫中黄门常侍行事无道吗？听说宫中贵人及朝中公卿以下官员，准备在洛阳西门外的平乐观为将军送行。将军威望极高，又掌握六师军权，如果能在送行的席间，乘饮酒正酣时，鸣响金鼓，整顿军旅，命令军中执法官当场逮捕有罪者，斩首示众。而后引军驻扎在城中交通枢纽的都亭，讯即剪除宫中黄门众宦官，以解救广大民众，消除海内宿怨，然后再擢拔选用隐逸在民间的忠正士人。至于对付边章等贼寇，不过玩弄于股掌而已。"张温听罢，惊恐万分，不敢答话。过了很久，张温道："我不是不高兴听你讲话，只是我没有这个能力，做不到啊！"张玄叹道："事行则为福，不行则为贼。今天到此为止，与公长辞了。"随即举起药酒，欲饮酒自杀。张温拽住张玄的手，说："子忠于我，我不能用，是吾罪也，子何当然！且出口入耳之言，谁今知之！"即张温对张玄说："你对我忠心，但我不能任用你，这是我的过错，你何必如此？况且我们私下说的这些话，现在又有谁会知晓呢？"张玄遂离去，仍旧隐居在鲁阳山。

大家亦需大家扶

　　"红花需待绿叶扶"这句民间谚语，说的是一个人或事物再出色，也离不开周围环境和人们的支持与辅助。古代那些公认的文学大家、文章大家也都深知此理，他们在文学创作过程中，往往会想尽一切招数，从身边的人、事、物上汲取养分，获得自己所需要而又一时没有的东西。

　　扬雄，字子云，西汉文学家、哲学家、语言学家，为"汉赋四大家"之一。其写作《方言》历时27年，书的体例仿照《尔雅》，齐聚古今各地同义词并注明通行范围，其材料内容不仅来源于古代典籍，更是他放下身段，常年不间断地向各地进京官吏调查访问所得。《方言》是史上第一部方言词汇著作，后世对其评价甚高，称其是研究汉代语言分布和古代词汇的重要著作。《三字经》中更是将扬雄与老子、庄子、荀子、文中子（王通）并列为"五子"，即："五子者，有荀扬。文中子，及老庄。"

　　《西京杂记》载："扬子云好事，常怀铅提椠，从诸计吏，访殊方绝域四方之语，以为裨补《辅轩》所载。"即扬雄喜欢给自己找事做，他常常怀揣着铅笔、手提木简，拜访那些进京汇报赋税、户口等工作的各地官吏，向他们调查偏远地方的各种方言土语，以不断增补《輶轩》(指《方言》一书，全名《輶轩使者绝代语释别国方言》，简称《方言》或《輶轩》)一书所记载的内容。

清代蒲松龄写作《聊斋志异》时，常听路人讲故事，此事迹为人们所耳熟能详。清代易宗夔的《蒲松龄路边搜奇》，更是引人入胜地描述了这个场景。蒲松龄在乡下居住的时候，不流于世俗，性格尤其奇怪放诞，以做村里小孩的老师来养活自己，不求他人。他创作《聊斋志异》时，每天早晨会拿着一个大瓷罐，里面放着浓茶，又准备一包烟草，放在来往行人多的大路旁，地上放上芦席，坐在上面，烟叶和茶都放在身旁。见行人走过，一定强拉着行人说话谈论些稀奇古怪的事。行人渴了，就让行人喝茶，或者为其奉上烟，一定要让行人畅快地谈论才罢。蒲松龄通常是偶然听说了一件事，回去之后再加工润色。这样过了 20 多年，《聊斋志异》才创作完成，所以笔法非常绝妙。

山谷诗中的"万卷藏书"

　　自号山谷道人的黄庭坚，其诗词在宋代影响颇大，著有《山谷集》《山谷琴趣外篇》等。他在多篇诗作中都提到了"万卷藏书"或"藏书万卷"，展现了他对书籍的酷爱和对知识的渴望，有书万卷仍不满足，还要追索更多书籍，更倾诉了他对人生哲理的感慨。书读得多了胸怀自然会更加开阔，藏书传家更利于子孙后代成人成才。

　　《入穷巷谒李材叟翘叟戏赠兼简田子平三首》（其三）："田郎杞菊荒三径，文字时追二叟游。万卷藏书多未见，老夫端拟乞荆州。"诗的大意是，田郎在杞县菊花荒芜的三条小径上，时常追随着两位老人一起游玩。虽然他已经拥有万卷藏书，但还有很多未曾见过的书籍，于是打算去荆州讨要这些未见之书。这首诗展现出了一幅清幽宁静的田园景象，增强了整首诗的诗意氛围，强调了李材叟和翘叟对文学和学问的追求，而这恰恰又与诗人自己的文学兴趣相契合，进而表达了诗人对广泛知识的渴望，他希望能够借助李材叟和翘叟的藏书，扩充自己的学识。荆州在古代被认为是文化名城，诗人对这个地方的向往，也代表着他对文学和学问的向往。

《谢王仲至惠洮州砺石黄玉印材》："洮砺发剑虹贯日，印章不琢色蒸栗。磨砻顽钝印此心，佳人持赠意坚密。佳人鬓雕文字工，藏书万卷胸次同。日临天闲豢真龙，新诗得意挟雷风。我贫无句当二物，看公倒海取明月。"这首诗以简洁明快的语言描绘了作者对王钦臣（字仲至，当时朝廷的工部员外郎）的感激之情。王仲至曾将一些洮河石和黄玉印材作为礼物赠予诗人，诗人感到礼物极为珍贵，便写此诗予以答谢。这首诗的大意是，友人王仲至送来的洮州绿石砚与印章不同寻常，砚台磨出的墨汁如同宝剑的光芒，直贯长空，气势非凡，印章没有经过琢磨，却闪烁着宝石般的光彩。赞美王仲至胸怀中藏有万卷书籍，与自己志趣相投、心灵相通，都有着对知识的渴望。最后两句以夸张的手法，谦恭地说自己才浅句乏，难当此珍贵二物，只能看着您像倒海取月一样，用才华和智慧来欣赏它们。

《闻致政胡朝请多藏书以诗借书目》："万事不理问伯始，藉甚声名南郡胡。远孙白头坐郎省，乞身归来犹好书。手抄万卷未阁笔，心醉六经还荷钼。愿公借我藏书目，时送一鸥开镴鱼。"这首诗表达了诗人对藏书的热切向往和对知识的渴望。首句描述了致政胡朝请忽略世俗的名利，而是热衷于收藏书籍，这使得诗人产生了借书的念头，于是写下这首诗来表达自己的愿望。诗人提到胡朝请的远孙已经年老，乞身归乡，但仍然热衷于读书，表明了读书的乐趣和知识的传承。诗人希望能够借到胡朝请所藏的书目，表达了他对书籍的珍视和渴求。

《题胡逸老致虚庵》："藏书万卷可教子，遗金满籝常作灾。能与贫人共年谷，必有明月生蚌胎。山随宴坐图画出，水作夜窗风雨来。观水观山皆得妙，更将何物污灵台。"这首诗是写给一个名叫胡逸老的人的。在诗人的眼中，胡逸老是一个不贪慕荣华富贵而向往山水之间的人。诗人先发议论：诗书传家能使后代成才，而遗金满篓往往给子孙招来祸害。这里用了韦贤的典故。据《汉书·韦贤传》载，韦贤号称邹鲁大儒，谚曰"遗子黄金满籝，不如一经"。他藏书甚多，教育四子都很有成就。随后，作者又赞美庵主在灾年能拿出粮食与贫人共享，和气必能致祥，后代必得佳美子弟。这里用了韦康、韦诞兄弟的典故。据《三国志·魏书·荀彧传》裴松之注，孔融曾赞扬韦端的两个儿子韦康与韦诞"不意双珠，近出老蚌，甚珍贵之"。白天闲坐庵中，眼前的山景如一幅幅图画映出；入夜倚于窗前，只觉风雨飒飒而来。以闲逸之心观山观水，山水的妙境能常现于心目之前。而山水的清淑之气又能涤荡肠胃，使此心澄清无滓一尘不染。这里也暗指诗人如同胡逸老一般，经常用山水之景洗涤污浊思想，使心灵清明。

《郭明甫作西斋于颍尾请予赋诗二首》（其一）："食贫自以官为业，闻说西斋意凛然。万卷藏书宜子弟，十年种木长风烟。未尝终日不思颍，想见先生多好贤。安得雍容一樽酒，女郎台下水如天。"这首诗写西斋风景，倾吐对朋友的渴慕之情，最后表示想同朋友欢聚。因为西斋的落成是朋友来函告知的，所以首联便从"闻说"写起。但诗人并不落笔就写"闻说"，而是先写自己以作铺垫，坦言自己因家境清贫，不得不以做官为业，所以听说郭明甫不愿入仕，在颍尾营西斋隐居读书，便肃然起敬。西斋是友人隐居读书的书斋，于是便从藏书写起，称赞友人藏书之富，赞美友人饱读诗书，学问渊博，诗礼传家。后又借用《管子·权修》"十年之计，莫如树木；终身之计，莫如树人"之典，由西斋的藏书、子弟、林木、风烟，进而抒发了关于培养人才的深刻见解。西斋如此幽雅宜人，引起了作者倾心向往之情，他想象着自己已到颖上，同友人从容载酒泛舟于女郎台下，见台下水天一碧，空明澄澈，情景交融，浑为一体，使人逸兴遄飞。

"吾忧子孙学行不进，不患其饥寒也"

　　《宋史·赵逢龙传》载："逢龙寡嗜欲，不好名，扬历日久，泊然不知富贵之味。或问何以裕后，逢龙笑曰：'吾忧子孙学行不进，不患其饥寒也。'"即赵逢龙没有什么欲望与嗜好，不喜好名声，不爱张扬，就这样过了很久，心态淡然不知道富贵之味。有人问他拿什么遗惠后代，赵逢龙笑着说："我担忧的是子孙们学问、德行不好，不担心他们遭受饥饿和寒冷。"

　　南宋人赵逢龙，从小刻苦自修，学识广博，纯良诚实。历任国子正，太学博士，兴国等五州的知州，广东、湖南、福建的提举常平等职（所谓提举常平，是一路的监司官，负责平仓、免役、市易、坊场、河渡、水利等关乎国计民生的事务）。

　　本传载："（赵逢龙）每至官，有司例设供张，悉命撤去，日具蔬饭，坐公署，事至即面问决遣。为政务宽恕，抚谕恻怛，一以天理民彝为言，民是以不忍欺。居官自常奉外，一介不取。民赋有逋负，悉为代输。"即赵逢龙为官正直廉洁，每到一个地方任职，都会将属下按惯例为他设置的特殊待遇统统撤去，每日只吃普通饭菜，只拿应得的俸禄，其余一概不取。

他在署衙开门办公，所有事宜都当面决断，全依天然的道理和百姓应遵循的道德准则来处理。他为官宽大仁恕，安抚体恤百姓，遇有百姓困难交不上税的，他都会代为缴纳。

赵逢龙辞官后，在家乡宁波开坛讲学。与他交游之人都是王公大臣以及名士贤人，向他拜师求道者不计其数。南宋晚期宰相叶梦鼎年轻时，经人引荐，前去赵逢龙家拜访。赵逢龙热情地接待了这个乡下来的年轻人，欣然接受了叶梦鼎拜师求学的请求。《宋史·叶梦鼎传》载：“（叶梦鼎）少从直龙图阁郑霖、宗正少卿赵逢龙学。”叶梦鼎学成，出任庆元判官后，仍旧对赵逢龙执弟子之礼。后来叶梦鼎任丞相时，正值南宋朝廷国力日衰，内忧外患交织。上任初期叶梦鼎有力挽狂澜之志，提出许多修明政治、振兴邦国的主张，并与祸国之臣展开针锋相对的斗争，但终因朝政积弊深重无可挽回而辞职。直至南宋宋端宗在福建继位，召叶梦鼎入朝，请他南下指挥抗元。虽然时下局势危如累卵，南宋灭亡即在旦夕，已78岁高龄的叶梦鼎仍旧毅然前往，但终因海路、陆路均被元军控制而不能行进，他向南恸哭失声而返，不久即病逝了。可以说，赵逢龙是叶梦鼎求学路上重要的启蒙师长，对于叶梦鼎能够成长为有所作为的朝廷重臣功不可没。

此处再补充一个小故事。在叶梦鼎求学期间，因赵逢龙家的门矮小简陋，叶梦鼎便经常劝说老师，买下旁边的房屋来扩建一下大门，以便大量的学子们出进过往。赵逢龙却说：“如今邻里们之间大致安好，我一旦动工，他们虽然不会有异议，但是面对受到惊扰的街坊四邻，我能够于心无愧吗？”于是便一直没有接受叶梦鼎的劝说，自家的大门依旧是那样朴素、简陋。

　　《孟子》曰："穷则独善其身，达则兼济天下。"赵逢龙先"达"而后"穷"，为官替百姓着想，退隐修炼自己的道德品格，完全承袭了孟子的教诲，确实可称为是儒者中的典范啊！赵逢龙的名言"吾忧子孙学行不进，不患其饥寒也"，更是值得后人深思与效法。子孙们只要学业有长进，德行有增厚，还愁讨不到生活吗？相反，即使遗留金财满屋，子孙却缺才少德，又怎能守得住祖上的基业呢？

"对圣贤语，不愈于宾客、妻妾乎"

　　"对圣贤语，不愈于宾客、妻妾乎"是《明史·孙交传》结尾的一段文字。说的是，孙交当初在南京做官时，僚友们因为事少多闲暇，大家常聚在一起谈笑、饮酒、下棋，孙交却一个人独处一室，不停地读书。有人劝说他也参与进来，跟大家一起玩耍，他说："面对圣贤的话语，不是比陪着宾客、妻妾更好吗？"仍旧读书不辍。不仅如此，孙交一生都一直坚持读书，晚年仍旧如此。孙交在其著作《安陆州志》自序中曾写道："晚归林下，日以笔墨自娱。"这就是孙交的境界，这种境界让他在离开官场后，又获得了新的成就，著述颇丰，除《安陆州志》外，还有《荆门州志》《国史补遗》《晚节园集》等各若干卷。

　　孙交是明朝重臣，任过南京兵部主事、吏部郎中，累官至户部尚书，后以太子太保致仕，卒谥"荣僖"。孙交虽久居高位，但说话和蔼，从不因自己有权势而瞧不起人，清静自守，忠实严谨，自始至终操行一致。在每一任上，都做出了骄人的成绩。

孙交曾以太常少卿之职经略边塞。当时大同发生战事，明孝宗命令孙交前往边塞。孙交到任后，规划方略，增修城墙、战壕，并到处栽种树木，以牵制外族骑兵的冲击。此外，孙交还提出了数条关于边防事务的建议，都被皇上所采纳，边防得以巩固。永乐年间，朝廷每年都命令军队伐木烧炭，后来虽然废除了这项指令，但规定军队每年都要支出 2 万两白银做抵押，导致这些军队在经济上发生严重困难，直到孙交向朝廷申请才得以豁免。

　　孙交掌管户部后更是做出了巨大贡献。当时朝廷要平定流寇，对钱粮的征调频繁且紧急，各地灾荒也还在继续，征赋收入严重不足。孙交恰当地作了谋划和处理，对各地上报的灾情，他都奏请减免当地的赋税，派官员前往赈灾，百姓的生活才不至于太困苦。由于孙交调剂得当，计划供应军饷，远近军队都不缺乏钱粮，确保了军队的供应和战斗力。对储备粮食的太平仓、银坑的建设与管理，孙交都有合适的意见，对国家、对百姓有利而无害，展现了他公正无私、以国为重的品质。明世宗继位后，因明武宗时期奢侈浮华过甚，国库几乎空虚见底了，孙交建议裁减闲散的官吏，确定了经济制度，扫除了过去的弊病。以往宦官被派出去监督粮仓、草场的多达 50 余人，这些人到了辖地就索贿胡来。孙交建议将这些人全部裁掉。上林苑的宦官多达上百人，所侵占的公、私地皮多得没法计算。孙交把他们都裁掉，把他们侵占的土地全部没收。以往御马监的太监贪污马料款的问题十分严重，孙交建议应按照祖宗定下的制度，不要让御马监的太监负责收草料，并且要让户部知道马匹的数目，从制度上卡死，以杜绝他们贪污和浪费。

孙交去世 50 多年后，明代政治家、改革家、内阁首辅张居正对其给予高度评价："交志行修洁，识量甚远，居官务举其职，无所避忌，故所至称理。其再典户部，豕正德末年公私匮乏之余，裁冗食，立经制，国计至今赖之。前后致仕二十余年，情摽耆德，卓然为海内望云。"这段话除赞扬孙交年高德劭、深孚众望，为国境之内的人们所仰望外，还特别说明孙交任户部尚书时施行的诸多举措，至今仍是国家治理、国运延续的基石。

"巴蜀好文雅，文翁之化也"

　　"巴蜀好文雅，文翁之化也。"此语是《汉书·文翁传》的最后一句话，盛赞文翁任蜀郡郡守期间，创办官学取得的巨大成就。初唐大诗人卢照邻谒访石室旧址时，写下《文翁讲堂》一诗："锦里淹中馆，岷山稷下亭。空梁无燕雀，古壁有丹青。槐落犹疑市，苔深不辨铭。良哉二千石，江汉表遗灵。"大意是，文翁石室体现的蜀文教之盛，犹如齐鲁曲阜曾发现儒家典籍的淹中，蜀地的学府堪比齐国都城临淄稷门外的稷下学宫。石室现已荒废，但石壁上仍隐约能见到，晋武帝时蜀郡太守张牧在石室四周墙上所画的孔子及七十二贤人的画像。以长安热闹的槐市比喻石室，石刻铭文已辨别不清。良吏文翁太守，其英灵如长江、汉水一样永存。

　　西汉在汉景帝以前，不仅四川没有官办学校，全国其他地方也都没有政府官办的学校。文翁自幼聪慧好学，饱习儒家经典，尤以治《春秋》见长。汉景帝末期（后元年间，前143-前141），文翁被任命为蜀郡太守。当时虽然蜀郡经济较为发达，但文化教育水平较为落后，民众保留了很多陋俗，"蜀地僻陋有蛮夷风"。文翁便打算从教育入手，通过诱导教化，改变荒蛮落后的地方风气。他所采取的第一个举措就是选派人员到京城学习。《汉书·文翁传》载："文翁欲诱进之，乃选郡县小吏开敏有材者张叔等十余人亲自饬（教育）厉，遣诣京师，受业博士，或学律令，减省少府（掌管财物以供太守使用）用度，买刀布蜀物，赍（携带行装）计吏（入京执行汇报的官员称计吏）以遗博士。数岁，蜀生皆成就还归，文翁以为右职，用次察举，官有至郡守刺史者。"即文翁从蜀郡和下属各县中，选出有才干的年青小吏十几名，送到京城长安深造求学，并告知学成归来要为本地的建设和教育服务。这些人到京城长安学习的主要内容是儒家经学和国家法令。文翁选派这些人到京城学习的经费来源是节约简省郡守的办公费用所得。数年后，这些学子们学成归蜀，文翁择优重用他们。

文翁的另一个举措，就是着手在成都创办郡学，让进京学成的学子们担任学官。本传载："（文翁）又修起学官于成都市中，招下县（四邻之县）子弟以为学官弟子，为除更徭，高者以补郡县吏，次为孝弟力田（汉代选拔官吏的科目之一，中选者可免除一切徭役，为掌教化之官）。常选学官童子（学官中未成年的生徒为童子），使在便坐（别坐，非正廷）受事。每出行县，益（多）从学官诸生明经（儒家经学）饬（整）行者与俱，使传教令，出入闺阁（郡县官府内供官员行走之门）。"即文翁在成都南郊建立文学精舍讲堂。因精舍讲堂当时是用石头建的校舍，所以又叫"石室精舍"。《华阳国志》载："始，文翁立文学，精舍、讲堂作石室，一作（当作'名'）玉室，在城南。"后来人们称为"文翁石室"或"文翁玉室"。文学精舍讲堂建成后，文翁即开始办学，学生来源是招收郡属四郊之县的优秀子弟。学生一旦被召入郡学，其生活和学习待遇相当优惠，"为除更徭"，即免除兵役、劳役等一切杂役，以便让学生专心学习。文翁每次到各县考察工作，总是挑选一些学行俱优的学生一同前往，让他们出入内衙传达"教令"。这既有见习培养学生能力之意，也有借以引起广大吏民对官学学生的重视之目的。官学学生通过数年学习，经过考核，成绩优异、能力强者担任郡县官吏；次者担任郡县中掌管教化的乡官。此举赢得社会广泛赞誉，县邑吏民非常倾慕，甚至出现争入郡学和富裕大户出钱赞助郡学的景象，巴蜀大地呈现出一派重视教育、尊重人才的良好风气。

《汉书·地理志》载："由文翁倡其教，相如为之师，故孔子曰：'有教亡类。'"文翁兴办郡学改变了蜀地的落后面貌，把一个文化教育落后的僻陋地区，改变成为一个在当时可与齐鲁相抗衡的文化发达地区。《三国志·秦宓传》载："蜀本无学士，文翁遣相如东受七经，还教吏民，于是蜀学比于齐、鲁。"文翁重教兴学，受到汉武帝的高度赞赏和重视。《汉书·文翁传》载："由是大化，蜀地学于京师者比齐鲁焉。至武帝时，乃令天下郡国皆立学官，自文翁为之始云。文翁终于蜀，吏民为立祠堂，岁时祭祀不绝。至今巴蜀好文雅，文翁之化也。"即汉武帝令全国各地都兴办官学，全面推行文翁的办学经验。从此，汉代的地方教育蓬勃兴起。

曹氏书仓

　　《拾遗记·后汉》载："及世乱，家家焚庐，曾虑先文湮没，乃积石为仓以藏书，故谓曹氏为'书仓'。"即光武初天下兵乱，很多人家的房舍被焚毁，曹曾担心先哲的典籍散失不存，就聚积石头建造了一个仓库用来藏书，所以人们又称曹家为"曹氏书仓"。后来，"曹氏书仓"成了赞扬学者藏书多、酷爱读书的代名词。再后来，"曹氏书仓"又演变为成语"曹仓杜库"。"曹仓"当然就是指曹曾的藏书屋了，"杜库"指的则是杜预。杜预是西晋政治家、军事家和学者，是灭吴统一战争的统帅之一，他博学多才，通晓政治、军事、经济、历法、律令、工程等，多有建树，尤为精通《左传》，为其作注流传甚广，被誉为"杜武库"。

　　曹曾，字伯山，东汉藏书家。曹曾本名平，因为钦慕孔子弟子曾参的孝行人品，所以改名为曾。《后汉书·儒林列传上》载，曹曾年轻时师从大儒欧阳歙，主攻《尚书》，学成后，他也当了经师，招收门徒3000人，传经授学。曹曾因精通《尚书》，当上了谏议大夫。可以说，曹曾是两汉之际将忠君仁孝理念与收藏经书都融入了灵魂的大藏书家。

曹曾是个有名的大孝子。他"家财巨亿"，能尽孝尽礼地侍奉双亲。他每天都用猪、牛、羊肉奉养父母，在这方面从来没有亏缺过。曹曾绝对不会先于父母品尝他们没有吃过的新鲜食物。去别人家做客，上的菜饭中如有父母没吃过的东西，他就会拿一些藏在怀里，带回家让父母品尝。曹曾家里不养鸡狗，他说鸡鸣狗吠的声音会惊扰到父母。有一年天下大旱，井水和池塘的水都干枯了，曹曾的母亲想喝甘甜清凉的泉水，曹曾就拿着瓶子跪在地上，甘甜清凉的泉水竟然从地下冒了出来，并且比一般的泉水还要清凉好喝。曹曾还是个有名的大善人，他的众多门徒中凡是家庭贫困的，他都会供给他们食用物品，贫者给其食，寒者赠其衣。儒家提倡的孝道、仁义，在他身上都得到充分体现。弟子们也非常感激他的仁德，于精庐（即学舍）外为其立祠，称作"曹师祠"。

尤为可贵的是，曹曾热心收集天下散落的书籍。《拾遗记·后汉》载："天下名书，上古以来，文篆讹落者，曾皆刊正，垂万余卷。"即曹曾很爱读书，有藏书的情结。他边授经学，边大量购书，包括那些珍贵图书及古代典籍。他阅读时，凡遇到文字错谬缺失之处，都亲加勘正补苴。从上古流传到现今的，其中文字讹误、脱落的地方，都一一做了校正。经他校正的图书有1万多卷。

刘秀灭王莽、平天下。《后汉书·儒林列传上》载："及光武中兴，爱好经术，未及下车，而先访儒雅，采求阙文，补缀漏逸。先是四方学士多怀协图书，遁逃林薮。自是莫不抱负坟策（即书籍），云会京师。"即光武中兴以后，世祖喜欢经术，下车伊始，就开始寻访宿儒、名士，访求散落在民间的遗书，补缀散失的典籍。此前，四方学士有许多人抱着经书逃入深山野林，躲避战乱。从此以后，儒生又可以带着先贤的书籍，汇聚在京师，施展平生的抱负。《拾遗记·后汉》载："及国难既夷，收天下遗书于曾家，连车继轨，输于王府。"即就在这个时期，天下太平了，曹曾亦将"曹氏书仓"所藏的万卷书籍全都捐献给官方，运送书籍的马车一辆接着一辆，都送到了帝王的府库。

中华文脉得以传承不息，我们今天得以阅读到如此众多的典籍，应归功于各朝各代如曹曾一样的大学者，他们不辞劳苦、不厌其烦，努力地收集、补正、保存典籍，并适时地奉献给官府，作为后人的我们，切不可忘记他们的伟大功绩！

西汉刘德"得书多，与汉朝等"

《汉书·河间献王传》称赞刘德"得书多，与汉朝等"。即刘德所收集的书籍，数量多得竟与汉朝廷的存书一样。

本传载："河间献王德以孝景前二年立，修学好古，实事求是。从民得善书，必为好写与之，留其真，加金帛赐以招之。繇是四方道术之人不远千里，或有先祖旧书，多奉以奏献王者，故得书多，与汉朝等。""献王所得书皆古文先秦旧书，《周官》《尚书》《礼》《礼记》《孟子》《老子》之属，皆经传说记，七十子之徒所论。其学举六艺，立《毛氏诗》《左氏春秋》博士。修礼乐，被服儒术，造次必于儒者。山东诸儒多从而游。""武帝时，献王来朝，献雅乐，对三雍宫及诏策所问三十余事。其对推道术而言，得事之中，文约指明。"《资治通鉴·汉纪十》载，与本传基本相同，不同的有"献王所得书"，"稍稍增辑至五百余篇"；还有向朝廷献书的具体时间："元光五年辛亥冬十月，河间王来朝，献雅乐"等。

即河间王刘德，努力钻研学问，喜好古代典籍、治学注重实事求是，研究学问，整理古籍，依据实证，探求真知。用黄金丝帛购买各地的好书，购得的书，数量与汉朝廷的存书一样多。刘德所征集的都是用先秦古文字书写的先秦时期的书，也就是秦未焚书之前的书籍。他收集礼乐制度的古事，稍加增订，编辑成书，多达500余篇，几乎涉及了儒学六经（即《易经》《尚书》《诗经》《礼记》《乐经》《春秋》）的全部内容，还有孔子70多弟子所论。他的思想和言谈举止，都务求符合儒家学说，崤山以东的儒生大都追随他，与他交往。元光五年（前130）冬十月，刘德来京朝见，进献用于郊庙朝会的雅乐，回答了有关三雍宫的典章制度及皇帝拟定的30多个问题。他的回答，都依据并阐述了儒家思想，抓住了问题的关键，语言简洁，观点明确。

《隋书·经籍志·六艺经纬》，对汉初儒家六经的来处记载的比较清楚，尤其对刘德的贡献给予了详细记录。如《易经》："汉初，传《易》者有田何。""汉初又有东莱费直传《易》，其本皆古字，号曰《古文易》。""故因汉鲁恭王、河间献王所得古文，参而考之，以成其义，谓之'古学'。"如《尚书》："遭秦灭学，至汉，唯济南伏生口传二十八篇。又河内女子得《泰誓》一篇，献之。伏生作《尚书传》四十一篇。""汉武帝时，鲁恭王坏孔子旧宅，得其末孙惠所藏之书，字皆古文。孔安国以今文校之，得二十五篇。其《泰誓》与河内女子所献不同。又济南伏生所诵，有五篇相合。安国并依古文，开其篇第，以隶古字写之，合成五十八篇。"如《诗经》："汉初，有鲁人申公，受《诗》于浮丘伯，作诂训。""汉初，又有赵人毛苌善《诗》。""是为《毛诗》古学。""《毛诗》二十卷。汉河间太傅毛苌传。"如《士礼》（《仪礼》的别名）："汉初，有高堂生传十七篇，又有古经，出于淹中，而河间献王好古爱学，收集余烬，得而献之，合五十六篇，并威仪之事。""汉时有李氏得《周官》。《周官》盖周公所制官政之法，上于河间献王，独阙《冬官》一篇（《周官》：在汉代称为《周官》，后称为《周礼》）。"如《乐经》："汉初"，"其后窦公、河间献王、常山王，张禹，咸献《乐书》"。如《春秋》：《春秋》"仲尼因其旧史，裁而正之"。"左丘明恐失其真，乃为之传。""遭秦灭学，口说尚存。汉初，有公羊，谷梁、邹氏、夹氏，四家并行。"综上所述，汉初朝廷得到的儒家经典六经，其主要来源一是鲁恭王刘馀，为扩建宫苑而拆毁曲阜孔子旧宅，从墙壁中发现很多古文书籍，即"孔壁得书"，因这些经书都是以战国时期六国文字写成的，与汉代通行的隶书相较被称为"古文"。二就是刘德所献之书。当然还有一些他人所献与口传所得之书。刘德对儒家经典的再现与普及功不可没。

不仅如此，《西京杂记》卷四《河间王客馆》载："河间王德筑日华宫，置客馆二十余区，以待学士。自奉养不逾宾客。"即刘德还特意筑日华宫，内设客馆二十余区，用以安置学士，进行学术活动；立毛氏诗、左氏春秋博士，由毛苌、贯长卿讲解先秦典籍。网罗儒生整理先秦古书《尚书》《诗经》《论语》《孟子》《左传》《礼记》等十余种。为先秦古籍的流传做出了重要贡献，也使当年的河间国成为礼乐之邦、儒学中心，西汉中期的文化中心之一。连大儒董仲舒也曾与刘德有过对儒学中孝经的交谈记录。《春秋繁露》卷十一载："河间献王问温城董君曰：'孝经曰：夫孝，天之经，地广义。何谓也？'对曰：'天有五行：木、火、土、金、水是也。……由此观之，父授之，

子受之，乃天之道也。故曰：夫孝者，天之经也。此之谓也。'
王曰：'善哉！天经既得闻之矣，愿闻地之义。'对曰：'……
五声莫贵于宫，五味莫美于甘，五色莫盛于黄，此谓孝者地之
义也。'王曰：'善哉！'"《资治通鉴·汉纪十》载，班固赞刘
德"夫唯大雅，卓尔不群"，即刘德学识渊博，出类拔萃。

《汉书·武帝纪》载："后三年正月，景帝崩。甲子，太子
即皇帝位。"即景帝是前 141 年正月十七日崩，正月二十七日
即甲子日（古时 60 天一轮回为甲子日，视为吉祥日），汉武帝
即位。"元光元年（前 134）冬十一月，初令郡国举孝廉各一
人。"次年即前 133 年五月，武帝诏贤良受策察问，董仲舒等
人参与献策。《汉书·董仲舒传》载，董仲舒提出《举贤良对
策》："春秋大一统者，天地之常经，古今之通谊也。""臣愚
以为诸不在六艺之科孔子之术者，皆绝其道，勿使并进。"《汉
书·武帝纪》载："孝武初立，卓然罢黜百家，表章六经。"即
汉武帝依从董仲舒"尊崇儒术"的政治主张，实行忠君爱民的
孔孟之道。但当时自秦代焚书坑儒后，典籍十分匮乏，恢复儒
术谈何容易。汉高祖刘邦在取得政权前夕，萧何曾收集了秦朝
廷的图籍文册，为官府藏书奠定了基础。《汉书·惠帝纪》载：
"三月甲子……除'挟书律'（东汉应劭注，挟，藏也）。"即汉
惠帝四年（前 191），朝廷废除了秦朝的"挟书律"。所谓"挟
书律"，是秦始皇下令禁止儒生以古非今，颁布民间有私藏
《诗》《书》和百家书籍者族诛的法令。汉朝开始鼓励学者和藏
书家献书，从而增加了朝廷的藏书。尽管如此，在汉武帝实施
"尊崇儒术"的政策之际，儒家书籍还是远远不能满足需求的。
前 130 年即实行"尊崇儒术"方略刚刚两三年的光景，刘德就

来朝廷大量献书，献的又都是真正的儒家六艺之经典，可谓正当其时、雪中送炭，对推动"尊崇儒术"大政的实施起到了巨大作用。

文字为居官紧要之用

"谢退谷亦尝言：'文字为居官紧要之用，有不可全赖幕宾书吏者。假使文字不得力，虽有良法美意，不能自达于上下四旁，而奸宄乱政之徒得以施其毁害之术矣。'"这是清代梁章钜《退庵随笔》中所载的一段话，强调文字对于为官者来讲，是非常紧要之事，文字不好会影响到施政效果，不可全让下属代劳，这样更易被犯法作乱的奸吏舞文弄墨，以致乱政毁政。

在"二十四史"和《清史稿》中记载的众多人物传记中可以看到，官员在任或致仕后，都会有文章或著作甚至多部著作留后，成为源远流长的中华传统文化的重要组成部分，让后来的读史者对他们的动笔能力着实佩服。

其实，领导干部要亲自动笔，完全不用搬出古人来说事，党的几代领导人早就有明确的教导，中央也有相应的文件规定。毛泽东曾多次提倡领导干部要自己动手写文章，把领导干部亲自动手写文章提升到学风、党风的高度来认识。邓小平曾指出："拿笔杆是实行领导的主要方法。领导同志要学会拿笔杆。""不懂得用笔杆子，这个领导本身就是很有缺陷的。"1981年，中共中央发布《关于各级领导干部要亲自动手起草重要文件，不要一切由秘书代劳的指示》，明确要求"领导干部必须亲自动手准备自己的重要讲话、报告，亲自指导、主持自己领导范围内的重要文件的起草"，并指出"这是一个重大原则问题"。

只是至今有的领导干部仍不在写作上下点功夫，还是依赖秘书及"秀才班子"，提供现成的饭来吃。这种状况必须得到有效整治，文官不动笔，等于武官不习武，说严重点就是自废功力，等于自暴自弃。领导干部不论职位高低，只要在职一天，就必须学会并且勤于自己动手写文章。因为亲自动手写文章，是领导干部必需的基本功、必备的硬功夫。写作就是加深对党的方针、政策的理解和转化，以确保决策科学执行有效的过程；就是梳理思路、爬坡升高、寻求突破、激发创新的过程；就是了解掌握实情、倾听百姓心声、密切联系群众的过程。写作更有助于提升自身能力，保持与时俱进的品格。将零散的知识系统化，提升思维的广度和深度，建立更清晰的思维框架，使思考更具有逻辑性，面对问题时更能迅速地抓住关键，也能间接地提高口头表达水平。总之，领导干部提笔写作，本质上是将实践经验升华为治理智慧，不仅关乎个人成长发展，更是推动国家治理体系和治理能力现代化的基石。

因此，领导干部善握笔杆子，应成为一种自觉、一种责任、一种担当。当然，"为文终是为人"。写作不仅仅是技巧的运用，更是一种精神的表达，本质在于一个人的品质和思想。

先成为一个优秀的人，再练得一笔好文，才能真正触动人心，传递满满的正能量。肩上扛重担，妙笔著文章。希望当下的各级领导干部，都能朝着这个方向努力再努力！

职需三"思"

《蟋蟀》是《诗经·国风·唐风》中的第一首诗，表现出谨其职守的思想。清初学者姚际恒《诗经通论》称此诗"乃士大夫之诗也"。全诗共三章，四字一句，每章八句，从劝人及时享乐谈起，后转入规谏，委婉曲折，极有层次，言简意赅，所传达的是对国家的深深的忧思，希望国家的股肱之士能够居安思危，在享受闲暇乐趣的同时，不忘职守，对国家的安危保持密切的警觉。这些要旨都体现在第一章的"职思其居"（即职守要忠诚）、第二章的"职思其外"（即公事多承担）、第三章的"职思其忧"（即为国分艰难）这三句诗上。此"三思"，颇为后人所看重。清代学者梁章钜甚至认为："《唐风·蟋蟀》之诗，凡三言'思'，真切要之官箴也。"若将此"三思"作为官箴看待的话，这番论述可能是史上出现最早的官箴。

"职思其居"，这里的"居"指的是所处的职位。无论大小官员，都各有其特定的职责，即各有其居、各思其居、各尽其职。各级官员无论出身如何，一经被任命为现职，就要尽快摸透情况，熟悉岗位，早日成为行家里手。要以百倍的热情和不懈的努力，去钻研业务，学习专业知识。千万不能不懂装懂，仅仅占据职位，却缺乏履职能力，耽误了国家和社会的事业。切不可在其位不谋其政，职责未尽，却热心其他旁门左道之事。

"职思其外"，这里的"外"，是指职务以外的事。作为一个视野开阔、胸怀博大的官员，只关注分内事是远远不够的。梁章钜的《退庵随笔》称："职无不尽，而上下四旁、远近亲疏又必计之周，虑之到，即如地方官以抚字惩奸为职，或民人流亡于吾地，岂得以为他方之民而不抚恤乎？贼盗逋窜于吾境，岂得以为他方之盗而不缉乎？以此推之，'思其外'正所以善其居也。"说的是，做好了这些所谓分外之事，才称得上是尽职尽责了。宋代饶州知府萧贯"受别州诉，治孙齐罪"，解决了一起上访老案，就是"职思其外"的典型实例。孙齐身为州的司法参军，喜新厌旧，隐瞒已婚事实，骗取周氏为妾后，又将一妓女纳为妻，还将与周氏生的孩子按到水缸里活活淹死。周氏到所在的抚州府告状无门，就一路乞讨来到饶州府状告孙齐。此案本不在萧贯的管辖范围内，但萧贯将此案作为特殊情况处理，迅即将孙齐抓捕，凿实罪状上报处斩，恰遇朝廷大赦，但还是将孙齐撤了职，流放至边地，为弱女子周氏申了冤。

"职思其忧"，这里的"忧"，是指邻国侵伐之忧。身为公职人员，尤其是身居高位之人，要充分考虑国家是否有外敌的侵扰，面对意料之外的袭击，只有做好充分准备，才能未雨绸缪，确保国家长治久安。同时，这种忧虑，还来源于从任职之日起，就要看到自己能力和水平上的差距与不足，看到肩负的沉重责任，严于律己，时时自重、自省、自警、自励，永葆初心本色，时时不忘忧国忧民，当一个廉洁勤政的好官。三国时期蜀汉的重臣许靖曾有句名言："爵高者忧深，禄厚者责重。"这是因为爵位高、俸禄多的人，责任也重，承担着关乎国家安危、百姓幸福的重大责任，因此脑子里要总想着事情，忧虑重重应该是其常态。唐代岑文本被封为中书令（即宰相），回家后面带忧色，他的母亲很奇怪，问他这是为什么。岑文本说，官位高、责任重，所以忧心忡忡。职位高、权力大、责任重，是需要以如临深渊、如履薄冰的精神来尽职尽责的，这还不足以让人担忧吗？

"榱橼之佐"属是仪

"榱橼之佐"，"榱橼"原指架屋承瓦的木头，比喻担当重任的人物。此语出自陈寿《三国志·吴书·是仪传》："（是）仪清恪贞素"，"其榱橼之佐乎"。即是仪清正忠诚，坚贞朴素；用大厦作比东吴政权，是仪起到了像屋顶上的橼子那样重要的辅助作用。

三国时期，可谓英雄辈出，谋臣猛将如云如雨，数不胜数。然而无论是名著《三国演义》、诸多三国题材的影视剧，还是一点即现的博客网站，都鲜少提到东吴孙权手下的是仪。这篇仅1000来字的《是仪传》，却把一个做事勤勉、与人谦恭、廉洁公正的形象，立在了史上，以照耀后人。

是仪，文武兼备，早年曾建议孙权采纳吕蒙袭击关羽的策略，也曾参与抗击魏国曹休来犯，更多的是以文见长，受命长期辅佐太子和鲁王，官至尚书仆射，享年81岁。他为国家服务数十年，未曾有过过错，死前遗命家人，丧事"务从省约"。孙权感叹："使人尽如是仪，当安用科法为？"即假使人们都像是仪一样，还用得着法令科条吗！

《是仪传》全篇没有大篇幅地书写是仪的文治武功，而是用更多笔墨描绘了他的"五德"：一是"颇具自知"。是仪自认为不是将才，曾几次推辞孙权的任命。平定荆州前，孙权任命是仪为忠义校尉，是仪陈辞推让。夺取荆州后，孙权又准备授予是仪兵权，是仪坚决推辞不接受。二是"忠不谄君"。是仪长期在孙权身边，从不献媚阿谀，也从不说别人之短，发现朝廷有什么不妥，就上书规谏，甚至三番五次地进谏。三是"勇不慑耸"，即虽然勇敢但不欺负弱者。是仪对上奉事勤奋，与人相交恭敬，"可谓忠勇公正之士"。四是"公不存私"。是仪不治家产，不受贿赂，满足于俭朴的生活，不吃讲究的饭菜，不穿精美的衣服，能够忍受清贫，家中也没有积蓄，住的房子也不大。邻居盖起了大宅，孙权看到后问盖大宅的是什么人，左右说可能是是仪家。孙权说，"仪俭，必非也"，左右一问果然是别人家。孙权还亲自到是仪家，来看看他家吃的饭菜，并亲口尝过，非常感慨，当即增加他的俸禄和赏赐，扩大他的田地宅邸。是仪多次推辞，对这样的恩宠深感不安。五是"正不党邪"。是仪不结党营私，也不屈从于邪恶势力。有一段时期，典校郎吕壹得宠，诬陷不少将相大臣，弄得东吴政坛人心惶惶。一次吕壹诬告江夏太守刁嘉"谤讪国政"，孙权将刁嘉收监，并问百官有没有听闻，百官因畏惧吕壹，都说刁嘉有过诽谤、诋毁国家的言语，唯独是仪据实回答说没有。在孙权多番严厉质问下，群臣都为是仪担心得不敢喘气，但是仪没有丝毫动摇，仍据实回答："如今刀已经架在臣的脖子上，臣怎敢替刁嘉隐瞒，而自取灭亡，成为不忠之鬼呢？只是认为既然吕壹听到了刁嘉诽谤国政的话，就应当明查事情的来龙去脉。"最后孙权相信了是仪，也释放了刁嘉。

　　是仪资此五德，为官为人，一生无过，难能可贵。国人历来讲究德行如何，现在官员腐败出问题，多数是出在德不配位上。各级领导干部和公务人员，似应抽空读一读《是仪传》，对照他的"五德"，扪心自问，我有几德？没有就照着学、照着做，相信只要有一心向学的执着信念，定是会受益的。

是著名诗人，亦是断案高手

清代康熙年间的大诗人汪懋麟，和与他同时代的汪楫，"并有诗名，时称'二汪'"。《清史稿》本传不足300字，没有细说汪懋麟的诗作事宜。翻阅资料得知，他现存诗作有2000多首，且好多读起来朗朗上口，让人久久不能忘怀。如《元夜禁中观放烟火歌》中的四句："便殿前头竿百丈，彩绳高系青天上。银花火树齐开张，珠斗明星尽奔放。"把元宵节鞭炮齐鸣、火树银花的热闹情形淋漓尽致地呈现给了人们。如《河水决》一诗，写道："人行九陌皆流水，螺蚌纷纷满城市。筑岸防堤急索夫，里中徭役齐追呼。富家出钱贫出力，触热忍饥不得食。十日筑成五尺土，明日崩开十丈五。"这里既有对黄河决堤的悲情描述，又有对修堤混乱现状的鞭笞，可谓入木三分。又如《误佳期·闺怨》："寒气暗侵帘幕，孤负芳春小约。庭梅开遍不归来，直恁心情恶。独抱影儿眠，背看灯花落。待他重与画眉（指汉代京兆尹张敞为妇画眉故事）时，细数郎轻薄。"此词看似平淡，笔力却厚重而深沉，将少妇思夫的一片痴情予以万般刻画，凄怨动人，令人回味无穷。

然而，就是这样一位大诗人，入仕后曾先后任刑部主事，即刑部的低级官员；刑曹，即分管刑事的属官。用今天的话说，汪懋麟就是个小法官。本传向人们展示了他办过的一桩杀人案件，称得上是"勤于职事"。武某乘自己的马车，落宿在董之贵家。董之贵贪图武某的钱财，将其杀害，然后将车弃于道路上，用鞭子驱赶马儿，任其急驰奔跑。死者武某之父发现马车停在刘氏的门外，便向官府呈递讼词，告刘氏杀害其子。汪懋麟受案后，认为"杀人而置其车马于门，非理也"，即这种做法不符合常理，哪有杀人后将罪证明晃晃地摆在自家门口的。汪懋麟便停止了审案，开始微服私访，并将车马分离，任马儿自由行驰。结果，马儿走到董之贵家门处，突然如受惊了一般悲伤地鸣叫，汪懋麟立即将董之贵收捕。经审讯，董之贵如实交代了杀人罪行，很快就被予以法办。

　　可以说，汪懋麟将此案办得甚好。一是不被假象所迷惑。如换作他人审案，很可能对刘氏逼供，最后屈打成招，铸成冤案。而汪懋麟能依据常理分析，识破假象，并微服私访，以求找到真凶。二是巧用"老马识途"的经验。马是非常聪明的动物，不仅能记住主人的面孔，还能记住路线和方向，尤其是对最近的出行路线，更是记得住的。汪懋麟放马纵驰，根据马匹停住之处，锁定案犯。三是即捕快审，一举突破口供，不给罪犯以喘息之机，迅速将其绳之以法。通观汪懋麟办案的全过程，简直就是在用一种艺术的方式来办案，给人以和谐与秩序的美感意境，真所谓诗人判官断案也有诗意！

读书人的别号颇有情趣

古代读书成癖、沉溺书海之人，他们在称呼自己或他人时，往往会取上种种别号，又多带有书字，如"书城""书窟""书巢""书迷"，等等。这些雅号当然是以赞美为主，其中也有一些纯属贬称，今天读起来也还是颇有几多情趣。

"书库"与"书楼"，特指那些藏书海量、博学饱识之士。《隋书·公孙景茂传》载：公孙景茂"容貌魁梧，少好学，博涉经史"，"时人称为书库"。公孙景茂学以致用，修身洁己，先后任息州和道州刺史，法令严明，抚恤百姓，发展生产，经常用自己的俸禄买牛犊、鸡和猪，分给不能养活自己的孤寡老弱之人，被人们称为"良牧"。隋文帝曾下令将他的事迹昭示给天下官吏。他在任上去世后，下葬那天奔丧的有上千人，有人实在参加不了葬礼，就向着他的坟墓方向痛哭、野祭。"书楼"则说的是唐代的李磎。《旧唐书·李磎传》载："（李）磎白在台省，聚书至多，手不释卷，时人号曰'李书楼'。"即李磎一生好学，喜欢聚书，家中存书万余卷，曾建楼以藏书，得号"李书楼"。李磎的后裔接续维护此书楼直至明代。看来，

"书库"与"书楼"是褒称无疑了。

"书簏"与"书橱",其中的"簏"字,本义是指用藤条或柳条编结的圆形盛器,泛指藏书用的竹箱子。"书簏"用以讽喻读书虽多,但不解书义或不善于运用的人。"书橱"一是指学问渊博之人;二是讽喻读书多却不能应用的人,与"书簏"的意思近似。《晋书·刘柳传》载,刘柳为仆射,傅迪为右丞。"时右丞傅迪好广读书而不解其义,柳唯读《老子》而已,迪每轻之。柳云:'卿读书虽多,而无所解,可谓书簏也。'时人重其言。"即刘柳任尚书仆射时,右丞傅迪好读书,书虽然读了不少,但是能够读懂的却很少。刘柳只是读老子的《道德经》而已。因此傅迪看不起刘柳。刘柳对傅迪说:"你书读得虽多,可是一本也没有读懂,这不等于是一只装书的箱子吗?"当时的人都认为刘柳的话很有道理。同是被以"书簏"相称的还有李善,《新唐书·李邕传》载:"(李邕)父善,有雅行,淹贯古今,不能属辞,故人号'书簏'。"

"书橱"仅从字面上理解,颇有摆设、中看不中用的意味。《南齐书·陆澄传》载:"澄当世称为硕学,读《易》三年不解文义,欲撰《宋书》竟不成。王俭戏之曰:'陆公,书橱也。'"大文豪鲁迅也说过:"(看书)仍要自己思索,自己观察。倘只看书,便变成书橱(引自鲁迅《读书杂谈》)。"但"立地书橱"就不一样了,应该是褒义无疑。《宋史·吴时传》载:"时敏于为文,未尝属稿,落笔已就,两学目之曰:'立地书橱。'"即国子监与太学里的人与吴时接触后,都觉得他学识渊博,为此称他为"立地书橱"。吴时还有个逸事:一个读书人写文章触犯了忌讳,学官认为文章中的话是做臣子的不忍心听到的,要上告惩罚那个读书人。吴时知道这件事后，把那篇文章取来，当场投入火炉中烧毁，并且对那学官说："既然当臣子的不忍心听到这种话，难道就忍心让君王听到这种话吗？"吴时此举既救了那个读书人，学官也没惹上什么麻烦。

"书淫""书痴""书癫"则有褒有贬，还有人以此来自嘲自娱。"书淫"，"淫"有"过于沉溺""越过常度"之义，指好学不倦、嗜书入迷的人。"书癫"，指读书入迷、忘形似癫的人。"书痴"，即书呆子，明显带有贬义。《晋书·皇甫谧传》载："（皇甫谧）耽玩典籍，忘寝与食，时人谓之'书淫'。或有箴其过笃，将损耗精神。谧曰：'朝闻道，夕死可矣，况命之修短分定悬天乎！'"即皇甫谧潜心钻研典籍，甚至废寝忘食，故当时有人说他是"书淫"。也有人告诫他，过于专心，将会耗损精神。皇甫谧说，早晨得到了道理，黄昏死去也是值得的，何况生命的长短是上天预定的呢！他以著述为生，是著名的医学家、史学家，其著作《针灸甲乙经》是中国首部针灸学专著，还著有大量文学、史学、医学书籍。有学者说，考晋时著书之富，无若皇甫谧者。

《梁书·刘峻传》载："峻好学，家贫，寄人庑下，自课读书，常燎麻炬，从夕达旦，时或昏睡，爇（焚烧）其发，既觉复读，终夜不寐，其精力如此。""自谓所见不博，更求异书，闻京师有者，必往祈借，清河崔慰祖谓之'书淫'。"即刘峻好学，家里贫穷不能自给，刘峻暂居在人家的厢房里，自己按照规定的内容和分量学习读书，常常点着麻秆捆成的火把，从晚上一直学到天亮。有时昏睡，不小心麻秆烧了他的胡须头发，等到发觉又接着读，他的精神毅力就是这样。晚年更加精益求精，才智超过常人。他为自己见识不广博而苦恼，听说有奇异的书，一定前去请求借阅。清河崔慰祖称他为"书淫"。

而"书痴"则是带有讽刺意味了。《新唐书·窦威传》载："（窦）威沈邃有器局，贯览群言，家世贵，子弟皆喜武力，独威尚文，诸兄诋为书痴。"但蒲松龄却大赞了"书痴者"。《聊斋志异·阿宝》载："性痴，则其志凝：故书痴者文必工，艺痴者技必良。世之落拓而无成者，皆自谓不痴者也。"即性情痴的人，他的意志十分专注，所以书痴一定善于文辞，艺痴者的技艺一定精良。世上那些落拓无成的人，都是些自称聪明的人。

读书人更有以当"书痴""书癫"而自豪的。如陆游在《寒夜读书》一诗中曾用"书癫"一词自我解嘲："韦编屡绝铁砚穿，口诵手钞那计年。不是爱书即欲死，任从人笑作书癫。"即书的装订线常常被磨断，铁质的砚台也已磨穿，不知道这是自己诵读和抄书的多少个年头了。如果不是因为爱读书而活着，那还不如死掉，随便别人怎么笑话我是个"书癫"。陆游在《送范西叔赴召》中写道："白头尚作书痴在，剩乞朱黄与校雠。"即陆游藏书甚多，晚年仍做"书呆子"，对自己的藏书还都要仔细校勘精良，以校勘书籍为唯一乐事。

刻苦读书的标志性形象

　　"程门立雪"这个成语尽人皆知。据《宋史·杨时传》载，杨时"潜心经史"，"一日见颐，颐偶瞑坐，时与游酢侍立不去，颐既觉，则门外雪深一尺矣"。即有一天，杨时和游酢前来拜见程颐，在窗外看到老师在屋里打坐，他俩不忍心惊扰老师，便站在门外等他醒来。天上下起了雪，且越下越大，杨时和游酢仍一直站在雪中。等程颐醒来时，门外积雪已有一尺厚了，杨时和游酢才得以踏进程颐屋内讨教。罗大经《鹤林玉露》还记载，南宋名臣胡铨，一次去拜见杨时，杨时举起自己的两肘对胡铨说："我这两条胳膊 30 年没有离开过读书的几案，在道德学问方面才有所进步，取得了一定的成绩。"后来，杨时成为天下闻名的大学者。杨时程门立雪，诚心讨教，被传为佳话，流传千古。

　　"程门立雪"作为刻苦读书学习的一种标志性形象，在古代很多著名的学者身上都存在，只是有的表现为行为，有的表现为语言，形式有所不同罢了。可以说，古人刻苦学习的标志性形象，已经成为中华文明与文化血脉的组成部分，更是激励一代又一代的学子，不辞辛苦、勤奋攻读的不竭动力。

仅《魏书·李谧传》里面，就列举了三四个这样的标志性形象。李谧每曰："丈夫拥书万卷，何假南面百城。""隆冬达曙，盛暑通宵。虽仲舒不窥园，君伯之闭户，高氏之遗漂，张生之忘食，方之斯人，未足为喻。"说的是北魏逸士李谧，家中藏书极多，他常说，只要拥有 1 万卷书，何必去做封有百城的王侯。"拥书百城"就是李谧的标志性形象，此语后来也演变为成语。而"仲舒不窥园，君伯之闭户，高氏之遗漂"，则说的是另外三个大儒。《汉书·董仲舒传》载，董仲舒"少治《春秋》，孝景时为博士"，"盖三年不窥园，其精如此"。即董仲舒年少时读书刻苦，书房紧靠着繁花似锦的花园，但他三年没有进过一次花园。《后汉书·魏应传》载，魏应，字君伯，"少好学"，"闭门诵习，不交僚党，京师称之"。即魏应自幼好学，闭门苦读，不与同僚结党交游，因此在京师受到了广泛的赞誉。《后汉书·高凤传》载："（高凤）专精诵读，昼夜不息。妻尝之田，曝麦于庭，令凤护鸡。时天暴雨，而凤持竿诵经，不觉潦水流麦。妻还怪问，凤方悟之。其后遂为名儒。"即东汉隐士高凤，其妻子让他看护所晒的麦子，突降暴雨，高凤竟读书而不觉，麦子都被雨水冲走了。

"坐下著足处，两砖皆穿"这一形象，说的是明代的曹端。《明史·曹端传》载："（曹端）笃志研究，坐下著足处，两砖皆穿。"即曹端专心致志地研究学问，坐椅下放脚的地方，两块砖都被鞋底磨穿了。曹端还首倡为政要做到"公廉"。本传载："知府郭晟问为政，端曰：'其公廉乎。公则民不敢谩，廉则吏不敢欺。'晟拜受。"即知府郭晟向他请教处理政事的方法，曹端说："也许是公和廉吧，做到公平公正那么百姓就不敢不敬了，做到廉洁那么官吏就不敢欺瞒了。"郭晟拜谢欣然接受。有学者著文讲，在曹端之后的百余年，明代洪应明在《菜根谭》中才提出了"公生明、廉生威"的论断。"公廉"两字，在明清两代都被视为最重要的官箴之一。

罗大经《鹤林玉露》也记载了一个曹端似的事例："张无垢谪横浦，寓城西宝界寺。其寝室有短窗，每日昧爽，辄执书立窗下就明而读，如是者十四年。洎北归，窗下石上，双趺之迹隐然，至今犹存。"即著名大臣张九成因反对秦桧，被贬到广东的横浦，他住在城西的宝界寺，在他的卧室里有一个狭小的窗户，他每天在天刚刚放亮时，就捧着书站在窗下就着微弱的光线读书，就这样坚持了 14 年。等到秦桧死后，他被重新启用，在动身北归的时候，窗下的石头地上已磨出了两个隐约可见的脚印，这印迹直到现在还保存着。

"滚滚长江东逝水，浪花淘尽英雄。是非成败转头空。青山依旧在，几度夕阳红。白发渔樵江渚上，惯看秋月春风。一壶浊酒喜相逢。古今多少事，都付笑谈中。"写出这首傲岸沉雄、气逼山河、为人们经久传唱的《临江仙》的杨慎，时常将"日新德业，当自学问中来"这句话挂在嘴边。据《明史·杨慎传》记载："既投荒多暇，书无所不览。尝语人曰：'资性不足恃。日新德业，当自学问中来。'故好学穷理，老而弥笃。""明世记诵之博，著作之富，推慎为第一。"即杨慎说，人的天生资质不值得依靠，要想德行与功业每天都有所进步，应该从学习中得来。所以他酷爱学习，穷尽文理，到老年学习更加刻苦。论明代背诵之广博、著作之丰富，当推杨慎第一。

还有一则张溥"七录"的故事。《明史·张溥传》载："溥幼嗜学，所读书必手钞，钞已朗读一过，即焚之，又钞，如是者六七始已。右手握管处，指掌成茧。冬日手皲日沃汤数次，后名读书之斋曰'七录'。……溥诗文敏捷。四方征索者，不起草，对客挥毫，俄顷立就，故名高一时。"即张溥自幼好学，所读之书必亲手抄写，抄完朗读一遍，立即烧掉，然后再抄写，直到六七遍才停止，右手握笔的指头手掌都磨起了茧，冬天手会冻裂，每天都要用热水烫数次。所以他读书的书斋叫作"七录"。张溥写诗撰文非常敏捷，四面八方的人来求他的诗文，他不打草稿，当即挥笔洒墨，因此，他的名声高出当时的人。

　　古代学者刻苦攻读的标志性形象真是多得不胜枚举，它将永远存在于中华传统文化之中，存在于一代又一代的中华儿女的心灵之中。人们只要一想到这些光辉的形象，那些著名学者的求学历程以及他们对中华民族的巨大贡献，就会完整地再现出来；满满的文化自信与自豪，就会油然而生；以先贤们为榜样，学习攻读的劲头，就会更足更持久。

"臣不贫，陛下乃贫耳"新解

"臣不贫，陛下乃贫耳"，是宋代端平元年（1234）的太常少卿徐侨，在入朝觐见皇帝宋理宗赵昀时说的话。当时，皇帝见他的衣服、鞋子又脏又破，难过地说"卿可谓清贫"，即你可真是贫苦啊。徐侨回答说出了上文那句话，即臣不算贫苦，贫苦的是陛下。皇帝有点吃惊，说："朕有什么贫苦的？"徐侨说道："陛下国家的根基还未建起来，国内危机日益紧迫，那些有权势的奸佞之人执掌大权，将帅都非大材之任；旱灾蝗灾接连不断，盗贼并起；各种花费没有限度，国库空虚；百姓因横征暴敛而苦不堪言，军士们四处搜刮民财，以致百姓怨声载道；群臣之间结党营私而天子被孤立，国家的运势已经在危险的边缘而陛下却不醒悟。臣不贫苦，陛下才贫苦。"皇帝深为感动，赐给徐侨金帛，徐侨坚决不受。从《宋史·徐侨传》的记载来看，皇帝完全接受了徐侨的谏言，立即采取举措："明日，手诏罢边帅之尤无状者，申儆群臣以朋党之戒，命有司裁节中外浮费。"徐侨后来官至侍讲，死后谥号为"文清"。

本传载，徐侨幼时颖悟勤读，考中进士入仕后，"始登朱熹之门，熹称其明白刚直，命以'毅'名斋"。即徐侨拜朱熹为师，朱熹称他为"明白刚直之士"，将他的书房命名为"毅斋"。徐侨又是出了名的廉吏，"若其守官居家，清苦刻厉之操，人所难能也"。即他安贫乐道的操守，成为同时代正直士大夫的榜样。"其学一以真践实履为尚。奏对之言，剖析理欲，因致劝惩。弘益为多。"上述谏言不就是最好的例证吗？

《廉吏传》的作者对徐侨的上述谏言给予极高评价，称"'陛下乃贫耳'语妙，发如此谠言"。即"陛下才贫苦"，此言甚妙，徐侨能够说出如此正直的话。

我们可以从另一个角度对徐侨此语给予新的解释。"臣不贫，陛下乃贫耳"，就是说，如果臣不贫，利用职权贪得盆满钵满，十分富有，那么皇帝陛下可就贫穷了。在封建国家里，皇帝是国家的最高统治者，是国家的象征与代表，朕即国家、国家即朕，臣子忠于皇帝也就是忠于国家，将自己与君主、与国家牢牢地绑在一起，一荣俱荣、一损俱损，尽显成败兴衰匹夫有责的气概。徐侨无疑既有刚直的品格且学识渊博，又是朝廷中廉洁的楷模，所以才屡次三番地谏言皇帝，热切地希望皇帝把国家治理好，决不能让不法贪吏把国家的财富掏空，把国家的钱都弄到贪官自己的府宅。若臣下都成了贪吏、富翁，国家不被掏空才怪呢。如此说，若臣下不贫，皇帝怎么能不贫呢！

对徐侨"臣不贫，陛下乃贫耳"这句话的新解，拿到今天的反腐败斗争中也一样适用。贪官的受贿金额动辄千万上亿，久而久之，国家定会被他们蛀空。要毫不留情地持续打击贪官污吏，使他们手一伸就被捉，以确保国家和人民的财富不至于被一点儿一点儿地窃走，维护国家的长久稳定与健康发展。

爷爷的"三国癖"

——代后记

我小时候，常常嚷着让爷爷给我讲他小时候的故事。令我印象挺深的是，他说曾经费了九牛二虎之力，凑齐了一套60本的《三国演义》小人书，一到星期天就把这套小人书按顺序全部摆开，从第一集开看，一直看到第六十集。当时我还不太明白，爷爷为什么瘾头这么大，一套小人书还值得如此反复看吗？直到目睹爷爷退休后的所作所为，才弄清楚，原来爷爷是有"三国癖"啊。

爷爷是名法律工作者，家里一面墙的书柜里，尽是些法律方面的书籍，离开工作岗位后，他把这些书籍全都送给了在岗的同事们。可是也就两三年的光景，书柜里又装满了书籍，而且清一色全是有关三国题材的书籍。爷爷说，退休了，有大把大把的时间，该捡起小时候的爱好了，那就是看三国书，研究三国史，写点三国文章。陈志裴注的《三国志》，他读了一遍又一遍，边读边记，不停地在纸上写着画着。只要书店或网上又出了三国方面的新书，他必须淘到手，以便看看人家都写了些什么，还有什么新东西、新角度可以再写。

爷爷从当年晋朝的尚书郎范頵等人上表推荐陈寿《三国志》的辞语"辞多劝诫，明乎得失，有益风化"中，即书中有很多勉励告诫的话语，明确得与失，有益于社会风化，受到启发，结合他从《三国志》的字里行间，所搜寻出来的体现高尚道德情操的事例与语言。如诸葛亮的"鞠躬尽瘁，死而后已"；刘备教子"勿以恶小而为之，勿以善小而不为"；曹操"雅好诗书文籍，虽在军旅，手不释卷"；孙权现身说法，劝部属多读书；曹魏的吏部尚书卢毓，在选人用人上"先举性行，而后言才"；隐士王烈以育人为己任，"诲之以道，使之从善远恶"；曹魏的郡太守王观"夫君者，所以为民也"；蜀汉大将军姜维"维系蜀汉，至死不渝"等。不仅三国"三巨头"、诸葛亮等将相大员们能做到如此，就连家庭主妇也不乏品德高尚、行为可嘉之辈。如曹魏吏部郎许允之妻阮氏曾说过："士有百行，以德为首。"东吴监池司马孟仁，亲手捕鱼制成鱼鲊寄给母亲，却被母亲退了回来。母亲说，你身为管理捕鱼的官员，却制作鱼鲊给我，这是"非避嫌也"！爷爷终于选定了写作的努力方向，那就是从吸取三国人物身上的道德营养入手，来写点文字。

经过几年的辛勤劳作，爷爷写出了近百篇三国文章，有40多万字，取名为《三国原来也是道德高地》，在人民法院出版社出版。书里边还用了我小时候画的十来张三国铅笔画作为插图，甭提我有多高兴了！这本书还被位于北京的中国法院博物馆"法官风采展厅"予以陈列。

三国的书都出版了，爷爷仍旧笔耕不辍，围绕着三国题材细抠深挖，写出了很多很多的短文杂文，发表在《中国纪检监察报》《人民法院报》《沈阳日报》的有关专栏以及一些省、市的刊物上。我翻看了爷爷那几个厚厚的剪报本，好像又能有上百篇吧。不仅如此，爷爷还通过阅读其他典籍，写出了有关廉洁为官、清风传家、清官断案等方面的多篇小文，继三国的书后，迄今已经出版了五六本小书。其中"读史思廉系列丛书"还受到中宣部党建网、《中国纪检监察报》以及《沈阳日报》的好评与推介。

　　有"三国癖"的爷爷，着实是感染了我，在军校的学习虽然紧张，我也依旧会抽出时间来，学着写点小文章，不论能否发表见诸铅字，都对锻炼文字表达能力和抽象概括能力有很大帮助，在今后的工作中用得着。目标已经确定，榜样就在身边，那就努力吧！

左宜之
2025 年 2 月